少子化する世界

村上芽

日経プレミアシリーズ

はじめに

２１００年までの世界の人口の推計データを眺めると、少子化は一部の国で急速に進み、平均寿命の伸びとともに世界に広がっていく。全世界の合計特殊出生率は、１９６０年から２０１６年までの56年間で半分の２・４に下がった。現在は若年層の多い途上国でも、経済成長とともに高齢者が増え、人口構成は高齢化・少子化する。欧州や日本では子どもの絶対数が減り、人口減少が進む。

日本は合計特殊出生率が１・５未満の「超低出生率」状態にあるが、超低出生率は、人口構成を急速に変化させるので、社会の変化幅が大きくなる。人口構成の変化の振れ幅は、ゆっくりの方が様々な社会の仕組みをそれに合わせていきやすくなる点で、望ましい。そのためには、日本は超低出生率から抜け出して、もうそれに戻らない（リバウンドしない）ことが必要だ。

また、これから出生率が多少上がったとしても、人口減少は進む。少ない人数になっても豊かであるために、一人ひとりが今以上に力を発揮できる社会になることも必要だ。

その見方に立って本書では、欧州のフランス、ドイツを中心に、イギリスやスウェーデン、デンマークの例を交えて世界の状況を確認しながら、考えられる方策や、参考となる事例を取り上げる。

少子化の現状に関しては、意外な事実が多い。ここで、少子化に関する簡単なクイズを3問出す。あなたは全問正解できるだろうか。解答は、「はじめに」の最後に記載した。

問一　次の日本語のうち、英語でいうと単語1つになっているものをすべて選べ。

①高齢化　②少子化　③無子

問二　21世紀末の世界の人口シェア推計として、最も近いものを選べ。

①アジア6割、アフリカ3割、その他1割

②アジア5割、アフリカ3割、その他2割

③アジア4割、アフリカ4割、その他2割

問三　次の欧州諸国のうち、2015～17年の間に、出生率が上がった年のある国を1つだけ選べ。

①フランス　②ドイツ　③イギリス

出生率をめぐる各国の状況について本書では、人口に関して国のリーダーが何に最も注目してきたのかという「方針」、少子化対策という「取り組み」群、結果としての出生率という「実績」の3つに注目する。また、国ごとに特徴のある少子化関連データの扱われ方に触れ、各国が何を重視しているのかを読み取っていきたい。

結論を急げば、少なくとも先進国において、女性が子どもを産むかどうかは、もはや宗教や家族といった伝統的な価値観や規範によるものではなく、女性本人やカップルの意思によって決まるようになっている。

出生率に影響を与える要素は、「そもそも産みたいと思うかどうか」という意識や価値観の土台の部分と、その土台に乗っている、「産むことが生活上成立するか」という暮らし方の選択肢からなる部分に分けられる。これに、産めるかどうか生物的な条件（晩婚化・晩産化に伴う妊娠のしにくさと不妊治療などの負担）が加わって、最終的な「一生に何人産むか」に至る。

〝産みたい〟という土台の意識は木の根っこのようなものだから、それがないと、女性は産まない。産みたいという根っこの意識があっても、産むことによって収入が過度に減少するとか、子育てのサポートが得られないとか、家が狭いが引っ越しは難しいなどの様々な「困りごと」があると、「今は産むタイミングではない」と判断する。

あるいは、学業や仕事における経験の習得といった、他に集中したいことがある場合であれば、「これができたら、そのあとで産もう」と将来に先送りにする。これが、先進国でほぼ一様にみられる晩産化である。

子育て世代のニーズ[*1]に社会がどのくらい応えているのかによって、先送りした「産みたい」という気持ちを現実のものにできるかどうかが決まる。個人の自由を得た女性が「産みたい」と思う気持ちを育てたうえで、その気持ちを現実のものにできた国では出生率がキープされ、できなかった国では超低出生率が続いている。

【解答】

問一　①と③

高齢化はエイジング（aging）、無子はチャイルドレスネス（childlessness）だが、少子化を一言で表す英単語は見当たらない。「少子化」を英語辞書サイトの「英辞郎 on the WEB」で引くと、次の8種類の表現が出てくる。「子どもの数の減少」「出生率の低下」「出生率の急減」など、どれも平易ではあるが2つ以上の単語が使われている。国際連合の報告書などでは「low fertility（低出生率）」という言葉が使われている。

- a decline [decrease, drop] in the number of children
- a declining birthrate
- a dwindling number of children
- falling birthrate
- fertility below replacement（level）
- reduced birthrate
- a sharp drop in the birthrate

●sub-replacement [below-replacement, below-replacement-level] fertility

問二　③

２１００年時点の推計では、アジア47・8億人に対しアフリカが44・7億人と接近し、アジアとアフリカがほぼ4割ずつという状態になる。

問三　②

フランスとイギリスは3年連続減少。ドイツのみ上昇。ただし、この3カ国ではドイツが最も低い。

目次

—第2章—

フランス
優等生であり続けるのか

「産めよ、増やせよ、働けよ」
「働き方改革」がかき消した「女性活躍」
「感覚値」を数値が可視化する
コーホート出生率でみえてくる日本の誤解
壊れる「結婚＝出産」の前提
男性は「地域限定」で働けないのか
伸び悩む「子育て世代」の所得
国や地域で大きく変わる「兄弟姉妹」の分散
ミレニアル世代とZ世代への働きかけ
「出会い」を求めるときの合理的行動
意見が分かれる夫婦別姓
子育てに至る経済的・心理的余裕
時給をベースに将来を設計する
なぜ、少子化対策は必要なのか

第1章

なぜ少子化は問題なのか

変わり続ける世界の人口推計

世界の人口はこれからも増え続けていく。[*1] 私たちのイメージとして、世界にはとにかく中国人とインド人が多く、これからもそれが続くと思っている。確かに現在はそうであり、今世紀いっぱい人口のボリュームとしては中国とインドを含むアジア系が世界で一番多くなるのだが、22世紀にはアフリカになると予測されている。

「22世紀なんてドラえもんの世紀、遠すぎる未来」と思うかもしれないが、日本人の平均寿命が男性でもすでに81・09歳、女性で87・26歳[*2]となった2017年生まれの子どもたちにとって、おおよそ、見えていない世界ではない。2017年生まれの女子は2100年時点でまだ83歳と、平均寿命に達していないのだ。

国連の調査によれば、2017年時点（推計）で、世界の人口75・5億人のうち、日本人は1・26億人[*3]いるから、シェアは約1・7%。100人集まれば、たった1人というわけではなく、2人近くもいる。世界の国の数は196あるから[*4]、多い方だ。アジアは45億人、

図表1－1
世界の地域別人口推計

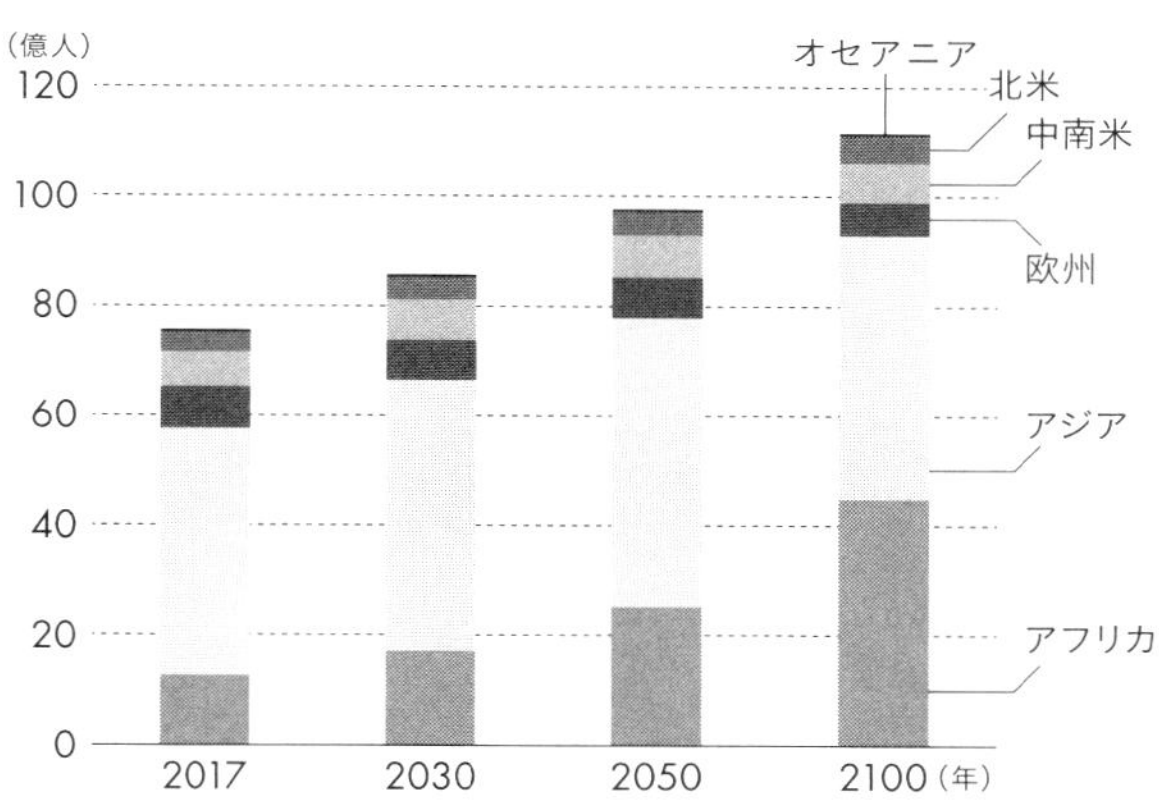

出所：国連「世界人口予測・2017年改訂版」に基づき筆者作成

シェアは6割弱を占めている。しかし、今世紀中は5割超えが継続するものの、世界の人口が約112億人になる2100年時点ではアジア47・8億人に対しアフリカが44・7億人と接近し、アジアのシェアは42・7％に低下する。一方でアフリカは39・9％と、ほぼ4割ずつという状態になる。アジアのシェアが最も大きいのは現在で、今後2050年にかけて人口は増えるが、2050年頃を山として徐々に減少していくのだ。この推計どおりに進めば、22世紀はアフリカの世紀になるだろう。アフリカのなかでも人口が大きく増加するのは、ナイジェリア連邦共和国、コンゴ、エチオピア連邦民主共和国、タンザニア、ウガンダ共和国である。

どこまで延びる？　世界の寿命

もう少し詳しくこの世界の変化をみていこう。人口増加率がゼロを上回っていれば人口が増える。地域単位でみると、最初にゼロを割って人口減少に突入するのが欧州で、２０２０年頃からとなっている。次がアジアで２０５０年、続いて中南米が２０６０年で、２１００年までの間に北米、オセアニア、アフリカはゼロを割らない。

欧州の減少率は徐々に拡大して２０６０年前後に最大となり、その後徐々に盛り返すものの、ゼロ以上に復活することはない。アジア、中南米については２１００年時点では減少幅の拡大途中にある。総合すると、世界全体では２１００年に至っても人口増加率はゼロを割らず、０・１１％と非常に緩やかながらも増加が続くと推計されている。

人口増加の背景として、大きい要因は寿命が延びることである。世界全体でみると平均寿

図表 1−2
平均寿命の推計（世界）

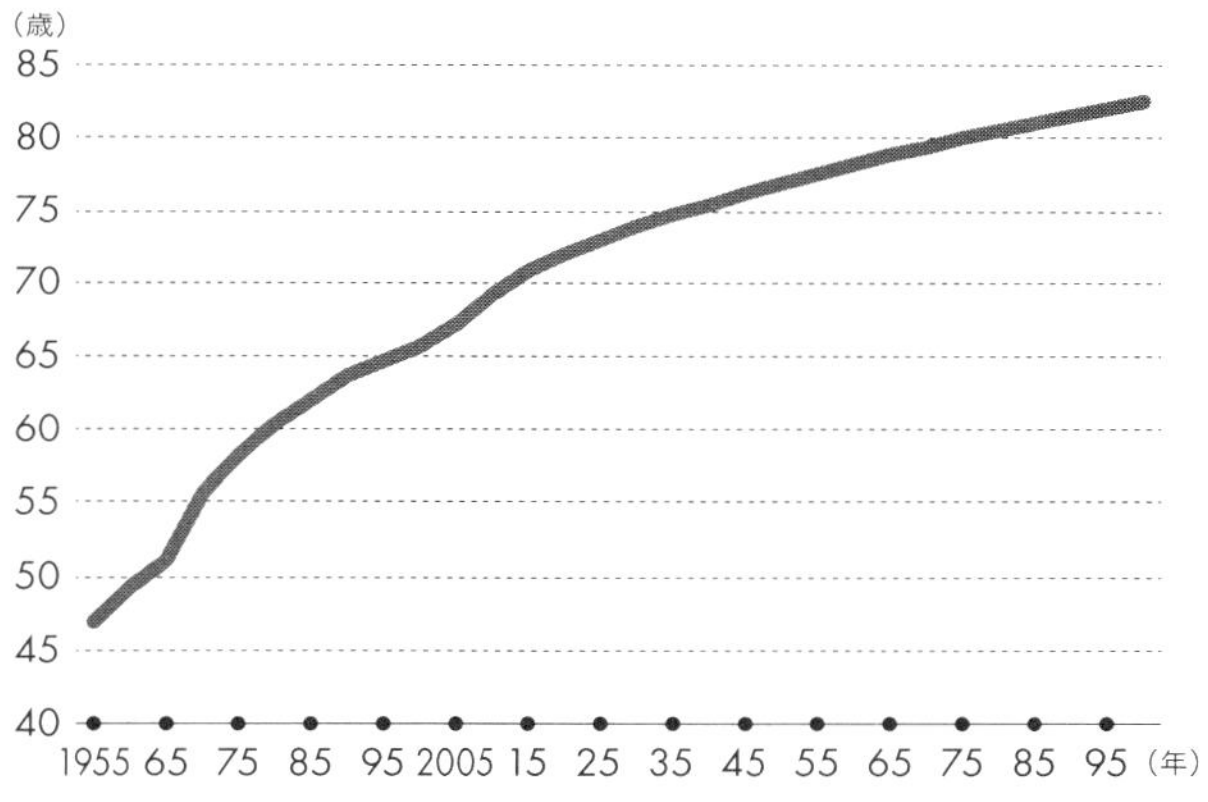

出所：国連「世界人口予測・2017年改訂版」に基づき筆者作成

命は一貫して延び続け、２１００年には世界の平均として、80歳を超して82・６歳に達する。他方、出生率でみると、世界全体の合計特殊出生率（total fertility rate：一人の女性が一生の間に産む子どもの数の平均。以下、断りのない限り出生率と略す）は２０１６年で２・４３９[*5]だった。１９６０年の４・９８４と比べると56年間で約半分に減った。

現時点ではまだ高いものの、今後は２１００年まで一貫して下がり続け、２０９０～95年に１・９９と、２・００を割る。つまり、人口規模がちょうど維持されるレベルに到達するが、寿命の延

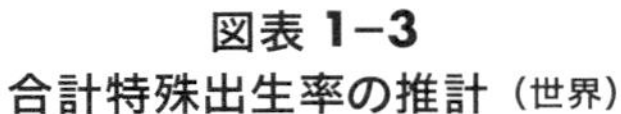

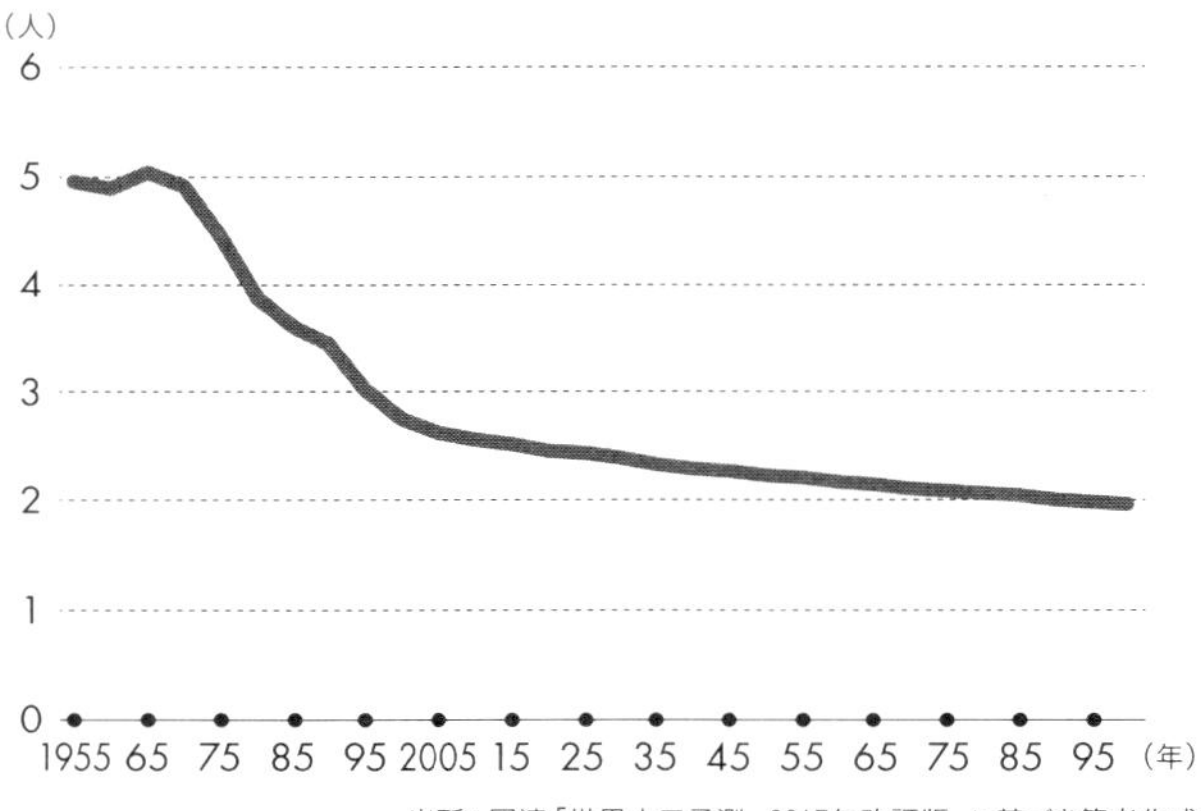

出所：国連「世界人口予測・2017年改訂版」に基づき筆者作成

び方は緩やかになりつつも頭打ちとまではいえず、これが人口増加をより牽引していることが分かる。

こうしてみてくると、人口に関する話題を英語一語でいえば、まずは「エイジング（高齢化）」になるのが分かるような気がする。寿命が延びることで人口に占める高齢者の割合がまず増え、それだけでも「子どもの割合が少ない」という意味では少子化であり、さらに出生率の低下が進めばそのスピードが増す。

なぜ人口は減らないのか

人類の歴史を振り返れば、最初は「多産多死（子どもはたくさん生まれるが早く死ぬ人も多い）」だった。衛生状態や病気の影響、飢餓で早世する子どもが多ければ、親は、早世する子がいても人数が確保できるように、たくさん産む。「家を守る」ために、跡継ぎ候補の種を多く蒔く意欲も強かったかもしれない（半面、古代ローマ時代のように、貴族階級ほど少子化が進んで人材不足を招いたこともある）。

多産多死の間は、人口はあまり増えずに推移する。その後、徐々に衛生管理や医療の技術が進化したり、食料生産の増加、さらに大規模な戦争が減ったりすることで、「少死」が始まる。寿命がだんだん延びていくわけである。

しかし、「少死」が実現でき始めても、人類はすぐに「少産」には切り替えなかった。長生きできるかどうかは生まれて育ってみないと分からないから、多産をやめても家族の規模が維持できたとしても、なかなか産む数は減らさないためである。経済成長とも重なり、

「食いぶち」にも困らなくなる。すなわち「多産少死」の時代に突入し、ここで人口は爆発的に増えることになる。

そしてようやく、「少産少死」に突入する。生まれる数も死ぬ数も少なめに落ち着き、人口の伸びがストップし、横ばいとなる。筆者が高校時代の1992年、地理の授業の「人口」の回に最初に習ったグラフと、先生の説明は、ここで止まっていた。

深刻な人口減少の危機に直面する東欧諸国

現在の世界全体のデータをみると、[*6] 2016年にデータがある国と地域のなかで最も出生率が高いのは西アフリカのニジェールの7・239だった。いまだに出生率が4・00を超えている国は、サブサハラ・アフリカ地域（アフリカのサハラ砂漠以南）を中心に、ウガンダ、ナイジェリア、タンザニアなど39カ国ある。

日本では第二次世界大戦後のベビーブームの時代、1947年の出生率が4・54だったが、2016年で最も近いのはスーダンの4・532だ。これらの国々では5歳未満の乳幼児死亡率でもまだまだ高い水準にあることから、「多産多死」がまだ続いているともいえる。出生率が2・0~2・2未満にあるのが、ジャマイカ、マレーシア、ブータン、トルコ、バングラデシュなど18カ国ある。

逆に出生率の低下のほか、移民として国を出る人の増加や、内戦による死亡や他国への難民が拡大したことなどにより、2010年から15年までの間に人口が減った国もある。

日本もその1つだ。減少率でみれば0・7%だが、実数では92・9万人減少（世界銀行データでの5年間合計[*7]）しており、これはシリア（228万人減少）に次いで世界で2番目の大きさである。日本の人口のピークは2010年の1億2806万人である。その後8年連続で減少しているから、もはや「少子高齢社会」では足りず「人口減少社会」に突入している。日本の場合、「少産少死」を通り過ぎ、生まれる数より死ぬ数の方が多い、人口の自然減少期に入ったといえる。

現時点で、日本以上に深刻な人口減少の危機に直面しているのは東欧諸国である。1980年代のハンガリー、ブルガリアを皮切りに、ほぼ一貫して人口減少が続いている。さらに2017年から2050年までの間の予測値でも、15%以上[*8]もの人口減少が危惧されているのは、ブルガリア、クロアチア、ラトビア、リトアニア、ポーランド、モルドバ、ルーマニア、セルビア、ウクライナと米領バージン諸島となっている。旧東側諸国では、生まれてくる子どもの数が減る傾向に加えて、社会主義の崩壊と並行して発生した国外への移住者の影響も大きい。これらの国からの移民を受け入れることによって出生率の低下を穴埋めし、人口を増やしている他の先進国（イギリス、ドイツなど）と比べて、反対の位置にいる。

少子化という問題意識

少子化（低出生率）が社会的課題として認識されているのは、現時点では高所得国に限られる。なぜなら、世界の傾向として寿命が延びて高齢者が増えるといっても、世界全体で均せば今世紀後半に起こってくる、先の話になる。もう少し手前の近い未来、今から11年先の2030年の予測では、[*9]世界の出生率は、2・39までしか下がらない。アフリカで4・43が3・90に下がり、アジアで2・15が2・06に下がるだけである。

いまだに出生率の高いアフリカを中心とした国々にとっては、こうした低下傾向も必ずしも「確実」とはいえない。出生率が下がる背景には、女性や夫婦にとって希望どおりの家族の人数を持てること、計画的な人生を歩めることなどがある。乳幼児の死亡率が下がれば、数多く産むことで家族の規模や労働力を確保しようとすることもなくなる。出生率云々という前に、そもそも生まれてきたのに早く死んでしまう子を減らす（5歳未満の死亡率を減らす）ことが、最重視されている。

こうした傾向は、２０３０年を目標年に置いた、世界共通の目標の置き方にも表れている。この共通目標のことを「持続可能な開発目標（Sustainable Development Goals：ＳＤＧｓ）」という。逆にいうと、乳幼児死亡率などの課題が解決された場合、これまでの世界の開発・発展の歴史に照らせば、出生率は低下していくはずだと考えられており、一定ラインでキープしようという発想は途上国（特に最貧国）にはない。低出生率は全世界の課題ではないということである。

低出生率が目立つ東アジアの高所得国

2010〜15年時点では、世界の人口の46％を占める国や地域において、出生率が2・1を下回っていた。「2・1」というのは、人口を自然体で維持できる数ということで、父母合わせた2人プラスアルファ（若い間に亡くなったり子どもを生涯持たなかったりする人の分を考慮する）を示す数字である。「人口置換基準」とも呼ばれる。なお2・07という数字も見かけるが、これは日本の死亡率を前提としたもので、地域や時代に共通するものではない。

いずれにしても、「2と少し」が目安となる。2010〜15年時点で出生率が2・1を下回っていたのは、すべての欧州と北米（米国とカナダ）、アジアでも19カ国、中南米15カ国、オセアニア3カ国、アフリカ2カ国だった。人口の多い順に挙げると、中国、米国、ブラジル、ロシア、日本、ベトナムである。人口置換基準が2・1を下回るこうした国は、2045〜50年には全人口の69％をカバーするように拡大する。

図表 1−4
出生率1.5未満の国と地域（2016年）

1.1〜：韓国
1.2〜：シンガポール、香港、モルドバ
1.3〜：プエルトリコ、ポルトガル、マカオ、ポーランド、スペイン、ギリシャ、キプロス、イタリア、ボスニア・ヘルツェゴヴィナ
1.4〜：クロアチア、リヒテンシュタイン、モーリシャス、スロバキア、日本、ハンガリー、マルタ、セントルシア、セルビア、ウクライナ、ルクセンブルク、チャネル諸島、タイ、オーストリア

注：香港とマカオはそれぞれ中国の特別行政区
出所：世界銀行データに基づき筆者作成

世界銀行のデータによれば、[*10] ２０１６年の出生率が最も低いのは、韓国の１・１７２だ。韓国の出生率は２０１７年には１・０５となり、２０１８年も４月から９月までの半年間の実績が１・０を割り、世界唯一の１・０割れになることが危惧されている。女性10人につき、子どもが約10人しか生まれないという計算になる。男性の数を単に倍にして考えると、大人20人に対して子どもが約10人しかいないということでもある。韓国に続き２０１６年の出生率が特に低く、１・５未満の水準にあるのは図表１−４のとおり27カ国・地域である。

地域単位でみると、韓国、シンガポール、香港と、パッと目に入ってくるのは東アジアの高

所得国だ。いずれも子育て費用の高さや進学の競争の激しさがある。

２０１５年11月、国連本部で「低出生率（Low Fertility）対策のための専門家会合」が開かれた。[*11]これは国連事務局の１つである経済社会局（Department of Economic and Social Affairs：ＤＥＳＡ）の人口担当部門が主催した会合だ。

目的は、低出生率に関する政策や経験の共有を行うことだった。低出生率の背景は国の事情により多様であるとしつつも、欧州を中心にアジアと北米を加えた18の事例研究を行い、低出生率をめぐる共通の切り口として「いつ、親になるのか」「人生で何人の子を持つのか」の２つの観点、出生率低下の背景として「社会における大人の役割の変化」「親としての役割と職業の両立」の２つの要因がまとめられた。

出生率の特に低い国（１・５未満）ほど危機感を持ち、複数の出生率向上施策を講じているという調査結果も出している。

少子化対策が講じられた結果として、欧州全体の平均出生率は、世界全体と比べて逆の動き方（上昇）をしている。２０００～05年の１・４から２０１０～15年の１・６に上昇し、さらに２０４５～50年には１・７８まで上昇すると試算されている。それでも２・０を超えるほどではないというのが、低出生率をめぐる大まかな傾向である。

出生率と幸福度の関係

ここで、人口減少という「数の問題」以外を考えるために、出生率と幸福度の関係をみてみよう。

幸福度については、国連の「持続可能な開発ソリューション・ネットワーク（Sustainable Development Solutions Network：ＳＤＳＮ）」のもと、独立した専門家らが発表する「世界幸福度報告書[*12]（World Happiness Report）」を参照する。

世界幸福度報告書にデータのあった１５３カ国の得点（幸福度）と出生率をプロットすると、右下がりの図（図表１－５）になった。つまり、出生率の低い国で、幸福スコアが高いということになる。幸福度は主観、すなわち回答者の考え方に基づいているところに特徴がある。その考え方を左右する要素として、同報告書では以下の６つを挙げている。すなわち、「ＧＤＰの水準」「平均寿命」「寛大さ（generosity）」「社会的サポート」「自由」「腐敗」

図表 1−5
153カ国の幸福度と出生率

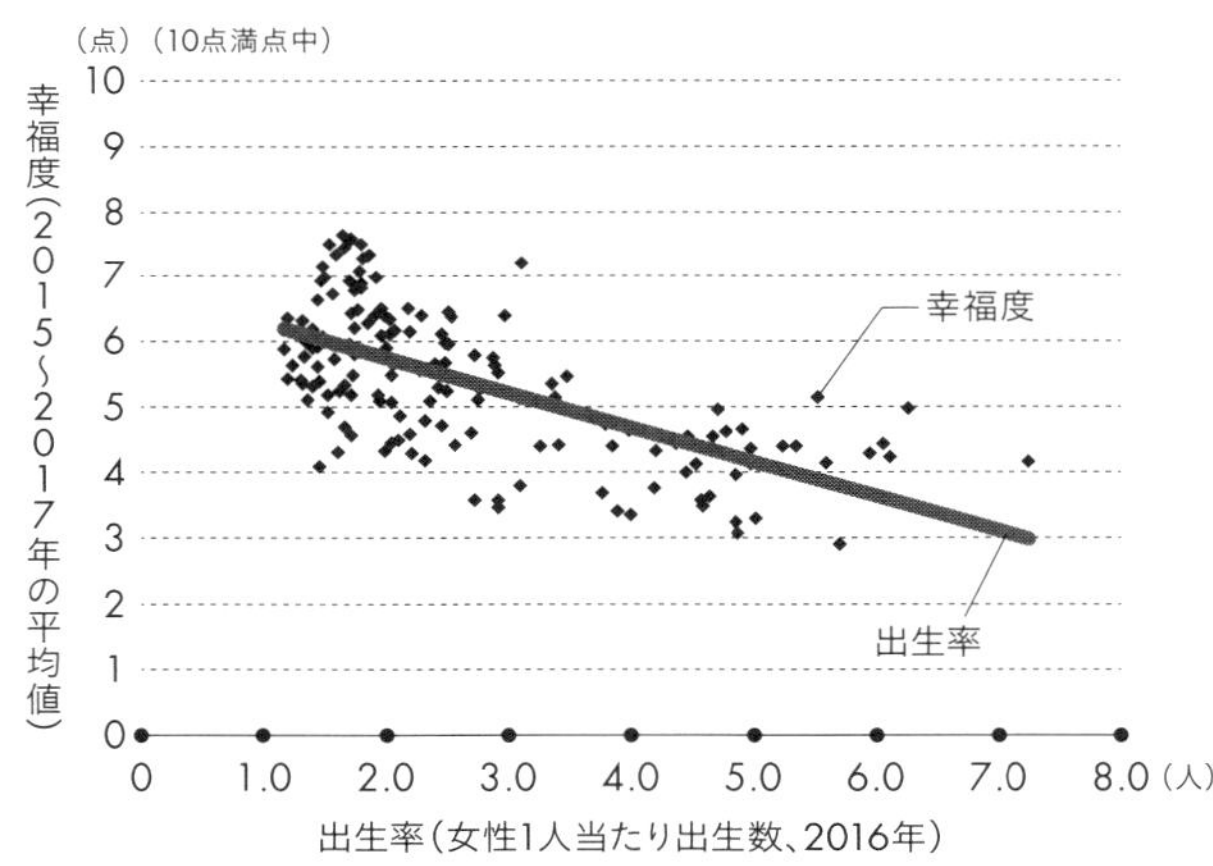

出所：世界幸福度報告書と世界銀行データに基づき筆者作成

である。理解しておかなくてはいけないのは、これらの6つをサブスコアとしてランキングができあがっているわけではなく、あくまでも主観に基づく調査結果に対し、要因を説明するために有効な6つの切り口という位置付けだ。

この幸福度の高低を左右する6つの要素に「平均寿命」が入っているように、平均寿命が長くなることは幸福感にプラスに働く。平均寿命が上がれば出生率が下がるのが人口問題のセオリーであることから、「高い幸福感と、低い出生率」が同居し

図表 1-6
OECD33カ国の幸福度と出生率

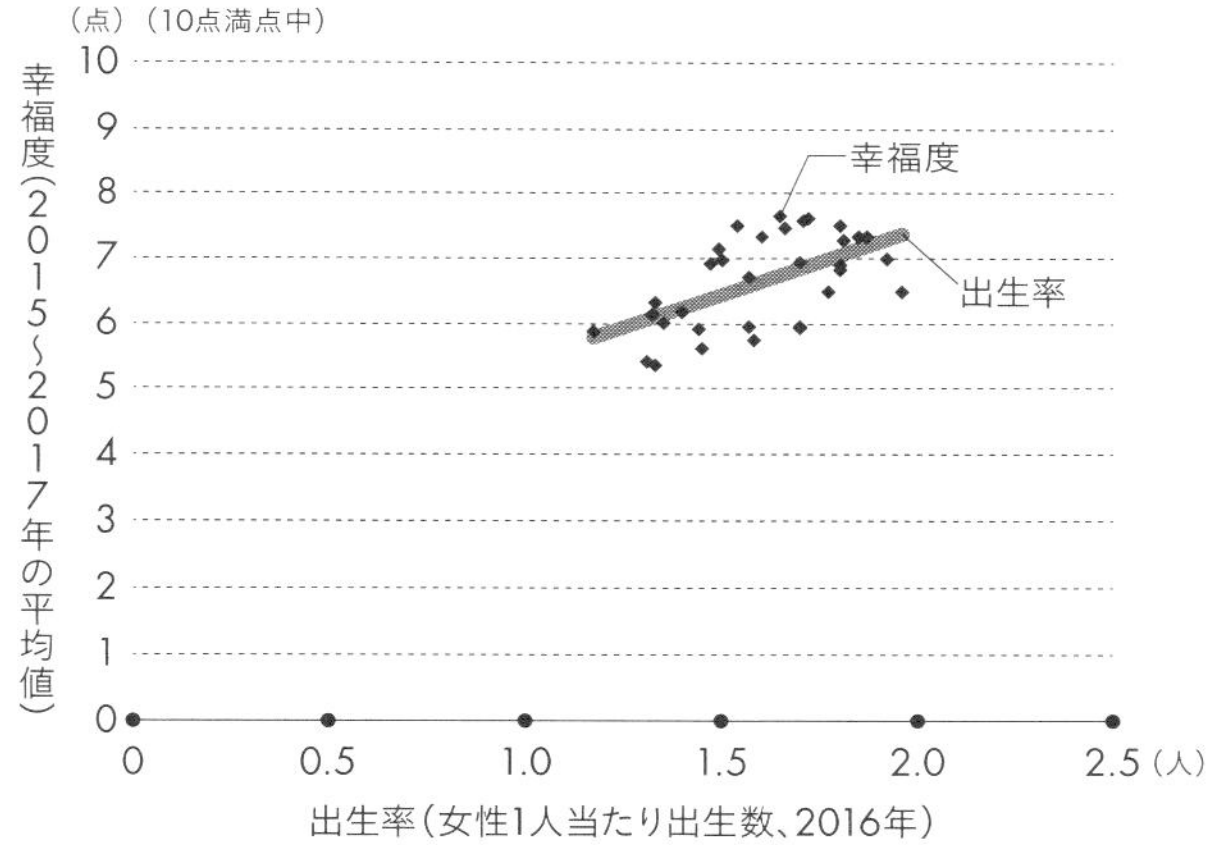

出所：世界幸福度報告書と世界銀行データに基づき筆者作成

ていた153カ国のプロット図はすっきりと理解できる。

また、先進国ほど、幸福度は高くなっている。幸福の要素には経済的な豊かさ（GDPの水準）も入っているから、これも分かりやすい。

では、一定レベル以上の長生きや、経済を手に入れた先進国のうち、出生率が2・0を切っている国だけでプロットしてみたらどうなるだろう。

そこで今度は、経済協力開発機構（Organization for Economic Co-operation and Development：OECD）加盟36カ国のうち、出生

率が2・0を超していたトルコ、メキシコ、イスラエルを除いた33カ国の幸福度と出生率を比較してみた（図表1－6）。

すると、153カ国で比較したときに右下がりだったプロットの全体像が、33カ国で比較した場合は、右上がりになった。つまり幸福度が高い国で、出生率が高いということである。こうした国々では、寿命がさらに延びることによる幸福感の増加は限定的な（これ以上の幸福感上昇につながらない）レベルに達しているということだろう。

注意しておかなければいけないのは、これは因果関係を示していないということだ（幸福だから、たくさん子どもを産むとか、たくさん子どもがいるから幸福だという原因と結果の関係を示しているのではない）。

しかし、例えば「子どもが少ないなりに、幸福感を味わえるような社会」ができているのかもしれないし、幸福度の6つの要素が子育て環境にもプラスに働いているという関係があることは想像できる。

幸福度の6つの要素のうち、「社会的サポート」は、「困ったときに助けてくれる親戚や友人がいますか」という問いからなる。ワンオペ育児のケースでは「いいえ」だろう。

また、「自由」は、「どんな生活を送るか、選択を自由にできたと満足していますか」という問いからなる。家庭と仕事の両立がうまくいかずどちらかをあきらめるようなケースでは「いいえ」だろう。

幸福度の高い国の上位10カ国は、2年連続で変わらなかった。北欧4カ国、アイスランド、スイス、オランダ、カナダ、ニュージーランドとオーストラリアだ。これらは欧州の小国と、英語圏の国々だ。北欧のうちスウェーデンとデンマークについては、第4章、第7章で取り上げていく。

2年連続で出生率が下がった日本

2018年9月7日、厚生労働省が2017年の「人口動態統計」を発表した。[*13] それによると、出生率は1・43で2年連続して減少、日本で生まれた子どもの数は94万6065人となり、前年比3万913人少なく、過去最低を更新した。他方、死亡数は134万397人だったので、人口の自然減は差し引き39万4332人となった。

図表 1–7
2100年までの人口減少幅

	2017年	2100年	減少率
日本	1.26億人	8,450万人	–33%
欧州	7.4億人	6.5億人	–12%

出所：世界銀行と国連のデータに基づき筆者作成

超長期の推計を欧州と比較してみよう。[*14] 欧州の人口は２０１７年の７・４億人（対世界シェア９・８％）から２１００年には６・５億人（同５・８％）と、１億人近く減る。割合にすると12％の減少となる。

同じ推計で、日本の人口は２０１７年の１・２６億人から、２１００年には８４５０万人に減少する。[*15] つまり、33％も減少して約３分の２になってしまう。欧州の総人口が12％の減少にとどまるのに比べ、33％も減少するという減少幅は大きい。33％とは、現在の関東地方（一都六県）の人口がまるごと、なくなってしまうぐらいである。

このような世界を、今後、どのように生きていくのか。人口が減少することは、単に悪いわけではない。なぜなら、国力が人の数に比例するような世界ではすでになく、むしろ、人口が減れば環境負荷を減らせるという側面もある。幸福度のほか、１人当たりの豊かさを示す様々な指標で、人口では少ない北欧の国々が上位に並ぶことは見慣れた光景でもある。

しかし、人間はまだ、「人口が減っているのに豊かさをキープできている」という状態をほぼ知らない。未経験のことは誰でも怖い。また、あまりにも人口減少の進むスピードが速すぎると、国としての体制（中央と地方の関係、地方自治、社会保障、インフラ整備、福祉や教育など）がそれに追いつかなくなる可能性が高まる。若い人がすでにほとんどいないような地方にとって、人口減少によるコミュニティの消滅は現実味のある危機であり、故郷が消えてしまうことに対する喪失感を感じる人が増えるかもしれない。

そうしたことから、「人口が減っていくのはもはや避けられないとしても、そのスピードはなるべくゆっくりにし、対策を取って仕組みを変える時間を稼いだ方がよい」と考えられよう。日本は、移民を大量に受け入れることを選択肢としないならば、出生率を少しでも上げることが、減少スピードを遅らせる方策として必要になってくる。そして、少ないなりに一人ひとりが力を発揮できる社会になればよいのだ。

本書で取り上げていく欧州と日本では、１９７０年代半ばから出生率は２・０を割り込ん

図表 1−8
出生率の推移

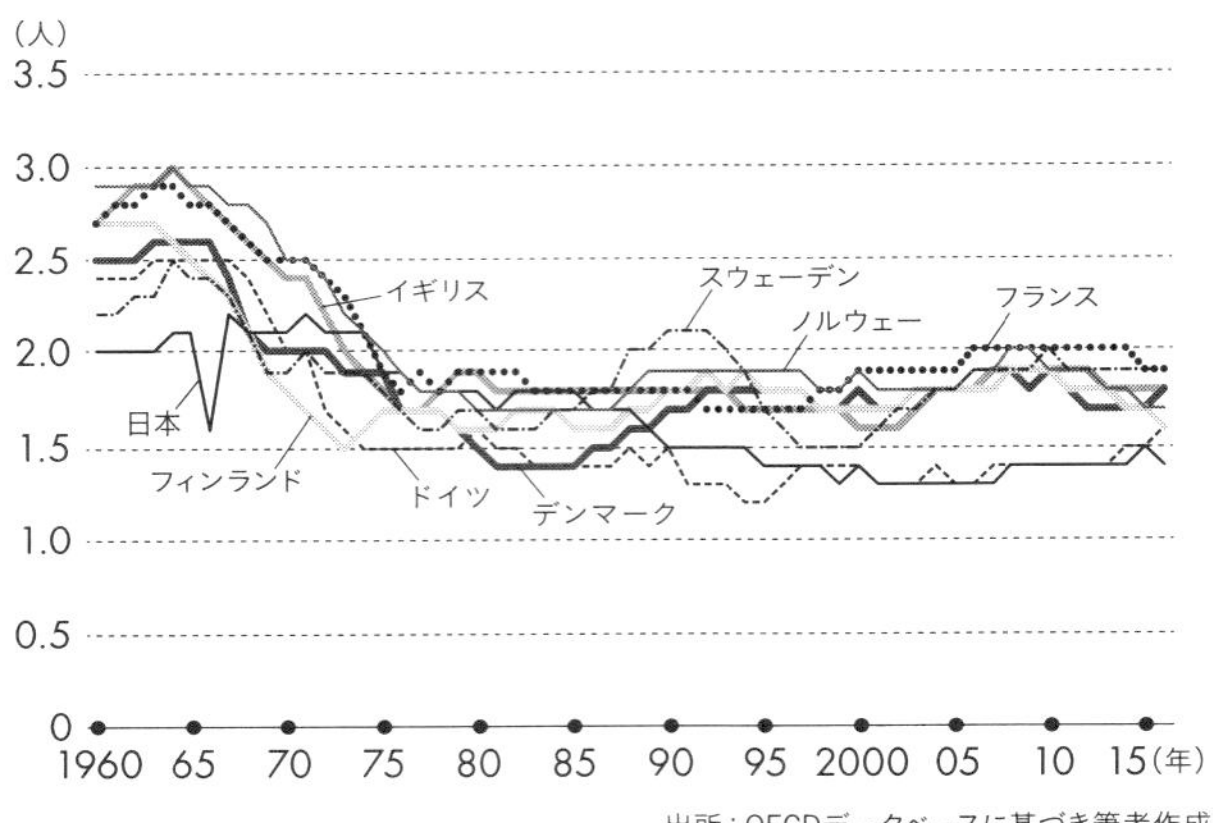

出所：OECDデータベースに基づき筆者作成

でいる。スウェーデンのみ、1990年前後に一時的に2・0を超した時期があったが、図表1－8のグラフの形をみると前後の谷が低くなっていることから、おそらくこの高さは一時的なタイミングの影響だったと推測できる。

次章から、少子化対策の優等生といわれるフランスと、超低出生率が続いていたが大量の移民受け入れと並行して少子化対策も進め始めたドイツについて、詳しく数字の裏側をみていく。

第2章

フランス

優等生であり続けるのか

3年連続で低下したフランスの出生率

フランスは、少子化対策の成果の出た先進国として広く知られている。2018年1月、そのフランスの出生率が3年連続で低下したというニュースが話題になった。2018年1月1日現在、フランスの人口は6718万人だった。[*1] 前年比較、自然増（出生数と死亡数の差がプラス）が16・4万人、社会増（移民純増）が7・9万人と推計されている。自然増が続いているが、この増加分は、史上最低の水準となった。

2017年中に生まれた赤ちゃんの数は72・4万人で、前年比2万人減った。2017年の出生率は3年連続で減少し、2016年の1・92から1・88となった。地域別にみると、出生率が1・8より低いのはパリ市や南西部のボルドー地方の一部とコルシカ島で、2・1より高いのは、パリ市周辺部、ローヌ地方の一部、他の海外領だけであった。[*2]

2006年以降、フランスの出生率は2・00前後で推移してきた。先進国で出生率2・00をキープしている国は少ない。2016年に、OECD加盟国で2・0を超していたのはイスラエル（3・11）、メキシコ（2・18）、トルコ（2・05）の3カ国のみだった。そのため、フランスは少子化対策の優等生といわれてきた。

しかし、2017年には1・88と、2002年並みに逆戻りしてしまった。フランスは、2008年の経済危機以降も出生率の高さを誇っていたことから、この結果は「フランスも例外ではなくなった」と受け止められている。

3年連続で低下したといっても1・88と、日本で政府のいう「希望出生率」の1・8をさらに上回り、日本では1975年（1・91）以来記録していない高いレベルではある（もちろん、実人数でいえば、日本は全体の人口が多い分、赤ちゃんの数も多い）。「1・8」がどういう感覚かというと、女性5人組を思い浮かべてほしい。1人は、産まないと決めたシングル派。残り4人が全員2人ずつ産んだとしても、5人の平均を取れば、子ども8人対女性5人なので、8÷5＝1・6となる。逆算すれば、1・8×5＝9、9人の子どもを4人で産めば1・8が達成できる。女性3人が2人ずつ産み、1人が3人産めば、2×3＋3×1＝9人となる。

この計算を聞いて、「あ、それなら簡単」と思うか、「到底無理」と思うか。筆者は「到底

図表 2−1
フランスの出生率推移

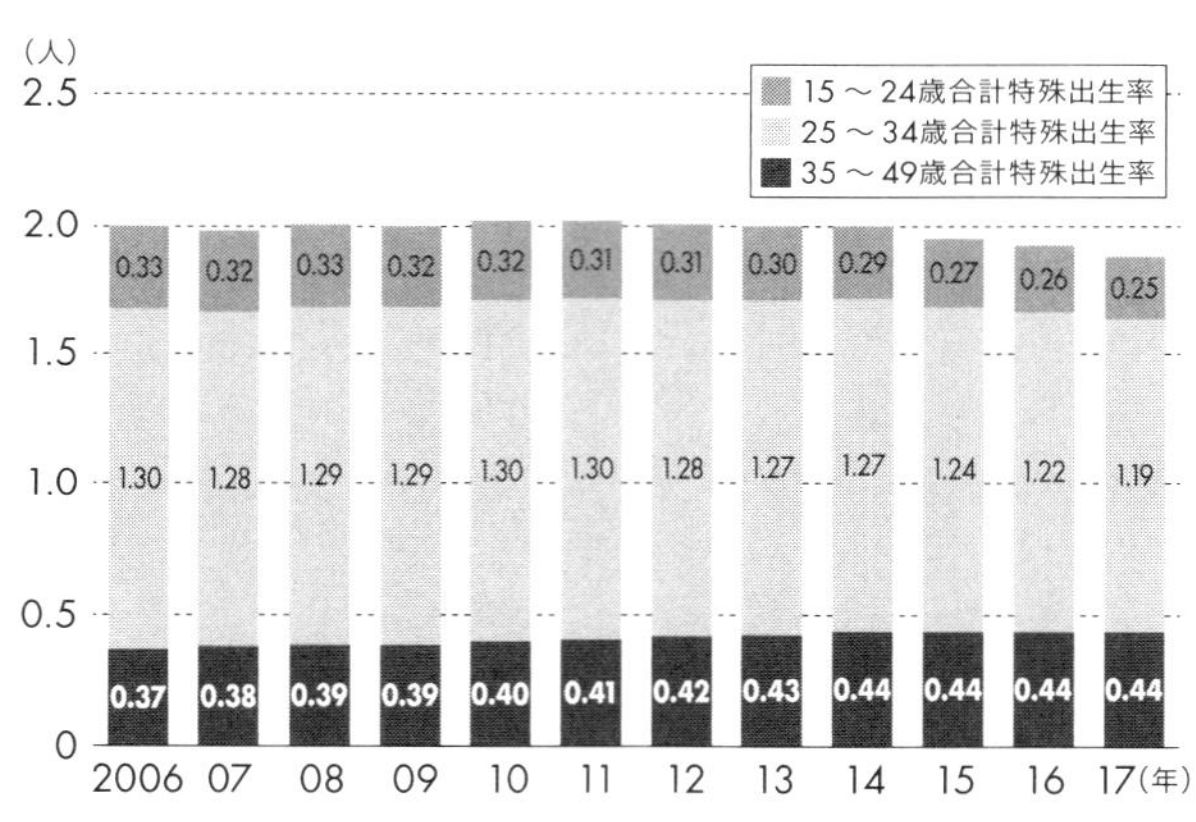

出所：Inseeデータに基づき筆者作成

無理」派だ。１・６だって「相当すごい」というのが、自分の周りの30～40代をみて感じるところである。

いずれにしても、フランスの出生率は日本の１・43と比較して０・45も大きい。５人組の女性に換算すると、子どもが約７・１人なのが日本、約９・４人なのがフランスということになる。３年連続で減少したといっても、この水準のことをいっているわけである。

出生率を年齢階層別にみると、20代前半まで（15～24歳）０・25、20代後半から30代前半まで（25～34歳）１・19、30代後半から40代（35～49歳）０・

44となっている。全体の出生率が最高の2・03だった2010年と比較すると、全体では93％に減っているのだが、15～24歳が78％、25～34歳が92％、35～49歳は110％と、若い世代ほど落ち込みが大きい。20代から産み始めるよりも、30歳前後から産み始める傾向が強まり、全体として、晩産化が進んでいることがはっきりと出る結果となった。

初産の平均年齢は1970年前後には24歳だったのが、2010年時点で28・1歳になっている[*3]。いかに経済的な子育て支援策や母親の育児負担軽減策が充実していても、1人目を産む時期が遅くなれば、どうしても2人目、3人目に進みにくくなるのは洋の東西を問わない。産み始めが遅くなると生涯に持つ子どもの数が減ってしまうのは、なかなか避けられない。

増える高齢出産の本音

フランスの人口に関するデータを統括する国立統計経済研究所（Institut national de la statistique et des études économiques：Ｉｎｓｅｅ）によると2015年時点で新生児の5％

の母親が40代で、初産の高年齢化も続いている。[*4] 平均出産年齢は２０１７年に30・7歳と、１９７７年時点の26・5歳から一貫して高くなっている。

若い世代ほど子どもを産まなくなっているという傾向の背景には何があるのか。この原因については複数の説がある。１つは、２０１５年に子どものいる家庭向け現金給付が一部カットされたことを皮切りに、中間層が負担をより大きく感じるようになり、低所得層も危機感を強めていったとする、経済的支援策の後退をきっかけとするものだ。若い世代は比較的低所得なので、経済的負担に敏感であるという見方に基づく。

他方で、その影響は限定的だとする意見や、女性がより高学歴になり安定的な仕事探しを志向するようになったことが主因だとする見方もある。Ｉｎｓｅｅの専門家は２０１６年の数字が出た時点で、「女性が教育を受けて安定的な仕事に就くまで子作りを先送りしている」とメディアにコメントしている。[*5]

フランスといえば、クリスティーヌ・ラガルド国際通貨基金（ＩＭＦ）専務理事を象徴に女性の社会進出が進んでいるイメージもあろうが、女性が経済の面で特に活躍しているかというと、それほどではない。

「世界経済フォーラム」という団体が発表する「ジェンダー・ギャップ指数」という指数がある。これは、経済、教育、健康、政治の側面から男女の格差を指数化し、国別のランキングをつけるものだ。

その2017年版[*6]によると、全世界144カ国を通算したジェンダー・ギャップ指数は0・68である。これは68%まで平等が達成され、32%は不平等が残っていることを意味する。全世界でみて、健康については96%、教育については95%と、ほぼ100%に近く平等になっているものの、経済では58%、政治では23%にとどまっている。いわば、この2つの分野での女性参画度合いで差がつきやすいことになる。

フランスの総合ランキングは、男女格差の小さい方から11位に位置しており、スコアは0・778である。ベスト3とフランス・ドイツ・イギリス、及び日本の順位は図表2－2のとおりとなっている（総合のみカッコ内スコア）。

どの国でも順位でみるとバラツキがあるが、先に述べたように全体の水準が高い教育と健康についてはわずかな差でも順位に大きく影響する。全体1位のアイスランドでも、健康では0・969ながら114位になってしまう。アイスランドが全体1位になったのには、政

図表 2–2
ジェンダー・ギャップ指数のランキング（7カ国）

	総合	経済	教育	健康	政治
アイスランド	1 (0.878)	14	57	114	1
ノルウェー	2 (0.830)	8	38	80	4
フィンランド	3 (0.823)	16	1	46	5
フランス	11 (0.778)	64	1	54	9
ドイツ	12 (0.778)	43	98	70	10
イギリス	15 (0.770)	53	36	100	17
日本	114 (0.657)	114	74	1	123

出所：世界経済フォーラム「ジェンダー・ギャップ指数2017」に基づき筆者作成
注：数字は順位、総合のカッコ内はスコア

治分野の1位が寄与している。スコアは0・750だったが、2位の中米・ニカラグア（0・576）を大きく引き離しており、他の3分野にはみられない突出ぶりとなった。

フランスでは政治は0・453と、数字としてはパッとしないが、順位でみると9位に食い込んでいる。また、経済では0・683となり、64位にとどまった。

経済面の平等とは、「労働

参加率」「類似業務における賃金格差」「平均収入」「指導的地位に占める比率（議員・上級官吏・管理職の比率）」「専門的職業に占める比率」の5つから測定される。

フランスにおいてこれら5つのサブ指標のなかで弱いのは、類似業務における賃金格差と、指導的地位に占める比率で、平均を下回っている。女性にパートが多く、管理職が少ないというわけだ。なお経済面の順位（64位）については、注意も必要だ。上位には、アフリカやカリブ海の国々が並んでおり、先進国ではノルウェーが0・816で8位なのが最高である。

時系列でみると、フランスのスコアは上がってきている。なかでも、政治と経済の平等化が進んできていることが分かる。特に2017年のスコアについては、世界全体のなかでも目立つ進展をみせており、政治面で国会議員が増えたことが特筆されている。[*7] パートタイム労働者に占める女性の割合は75%だが、10年前よりは5ポイント下がっているところにもその傾向は表れているだろう。

フランスでの2006年から2017年までの11年間の出生率の変化と比較すると、出生率は2010年にピークとなりその後微減となっているが、政治・経済への参画が進んだわ

図表 2–3
フランスの2006年から2017年への変化

年次		2006年	2017年	増減
ジェンダー・ギャップ指数	全体	0.652	0.778	+0.126
	経済	0.525	0.683	+0.158
	教育	1.000	1.000	—
	健康	0.980	0.977	−0.003
	政治	0.104	0.453	+0.349
出生率		2.000	1.880	−0.120

出所：世界経済フォーラム「ジェンダー・ギャップ指数2017」及びInseeのデータに基づき筆者作成

りには、出生率があまり下がっていないとみてもよいだろう。減っているのは20代の出産であることから、産むのを遅らせる代わりにしっかりとキャリアを積んだり昇進したりしていることが想像できる。フランスの女性の経済参画への余地がさらにあるとみれば、「少なくとも20代では子どもよりも勉強や仕事を優先したい」という傾向はなおも続く可能性がある。

フランスの女性が子どもを産む5つの条件

女性がキャリアアップを望むとしても、その背景にはさらに何があるだろうか。

フランスの女性が子どもを産むための条件と考

えられていることは何か。フランスの国立人口学研究所（Institut national d'études démographiques：Ｉｎｅｄ）による指摘を総合すれば、以下の5点を挙げることができる。

①父親として納得できる、決まったパートナーを見つけること
②子どもを持つことについて、パートナーと合意に至ること
③自らの学業を終えること
④自らの仕事の安定性を最低限は確保すること
⑤十分に資源があること

１つ目の「納得できる決まったパートナー」については、フランスでは婚外子の比率が6割に近いため、「結婚相手を見つける」ではなく「パートナーを見つける」という表現になっている。

２つ目の「子どもを持つことの合意」については、子どもを持ちたいという意欲（希望）について男女間に差があることに触れておきたい。ＯＥＣＤの調査によると、フランスの場合、２０１１年の希望子ども人数（15～64歳が回答）は男性が２・２４人、女性が２・５２

人と、女性の回答の方が0・3人近く多い。[*8] 同調査対象国30カ国中、21カ国で女性の方が子どもを多く希望しているが、男女差が大きいのは上からオランダ、フランス、ベルギーだった。フランスの女性の希望数は、アイルランド、キプロス、デンマークに次いで4番目に多い。

3つ目の「自らの学業を終えること」については、フランスの女性の学歴は、男女差でみると先のジェンダー・ギャップ指数のように差はない。ただし先進国に共通して、専攻する分野については男女差がある。

4つ目の「仕事の安定性」と言ったとき、一般には無期限の仕事に就くことを指し、「最低限」としているのは、もともと子どものいる女性の働き方として中心的な、無期限雇用のパートタイムを指していると考えられる。学校を卒業してフルタイムで無期限の仕事に就けば（すなわち正社員としての仕事に就けば）、のちに子どもを持った際にパートタイムに移行するということも、自分の意思を反映させる選択肢として柔軟に考えやすい。なお、1人目を産んだあとはフルタイムとして復帰する人が半分程度、3人目からは同4分の1程度という分析もある。

失業する若年男性の悲劇

フランスの場合、労働市場改革法（2008年）ができるまで「有期限雇用」に対する規制が厳しく、「無期限」が一般的だった。そのためフランスには、「無期限雇用のパートタイム」という働き方が、1980年代から普及していた。無期限だがパートタイムなので非正規雇用の1つに分類される。

無期限雇用のパートタイムは、主に、子どものいる女性によって選択的に活用されてきたという。フランスでは3〜6歳の幼児教育が早くから充実していたが、水曜日は休みという決まりがあったことなども影響している。最初に、公務員や金融機関で女性のニーズに合わせた働き方として導入が進み、その後、飲食などを含むサービス業に広がった。

それが、失業率対策のワークシェアとしても活用されるようになった。具体的には、フルタイムの従業員をパートタイムに移行させ、さらにパートタイムを1人雇えば（つまり、1人のフルタイムを2人のパートタイムにすれば）、雇用主（企業）は社会保険料負担が軽減されるという政策が導入されたのだ。結果として、仕事の経験値の低い若年層がまずパートタイム契約で雇われるという流れを生んだとされる。

ただし、高い失業率は、若い世代でいまだ深刻である。パートタイムとしてでさえ採用されない若者が多い。

男女の20〜24歳の失業率（図表２－４の折れ線グラフの上２本）をみると、２０１６年は男性22・9％、女性21・5％となっている。ここ3年でみると女性は2ポイント悪化、男性は横ばいだが22％超が続いて高止まりしている。失業者全体でみたとき、1年以上失業が続いている人の割合は、２０１２年以降４割を超して44％に達していることから、若い世代にとっても決して一時的な失業ではなさそうである。失業していて、さらにそれが長く続いてしまうと、社会保障が充実していたとしても将来について楽観的になりにくい。

また、男性就労者に占めるパートタイム労働者の割合（下部の折れ線グラフ）をみると、じりじりと増え続けて２０１６年には7％に達した。フランスでも、パートタイムはもともと既婚女性の働き方と捉えられてきたところがある。ワークライフバランスの確保を重視したい既婚女性が、自発的にパートタイムを選んできたというわけだ。

図表 2-4
20代前半の失業率、出生率等の推移

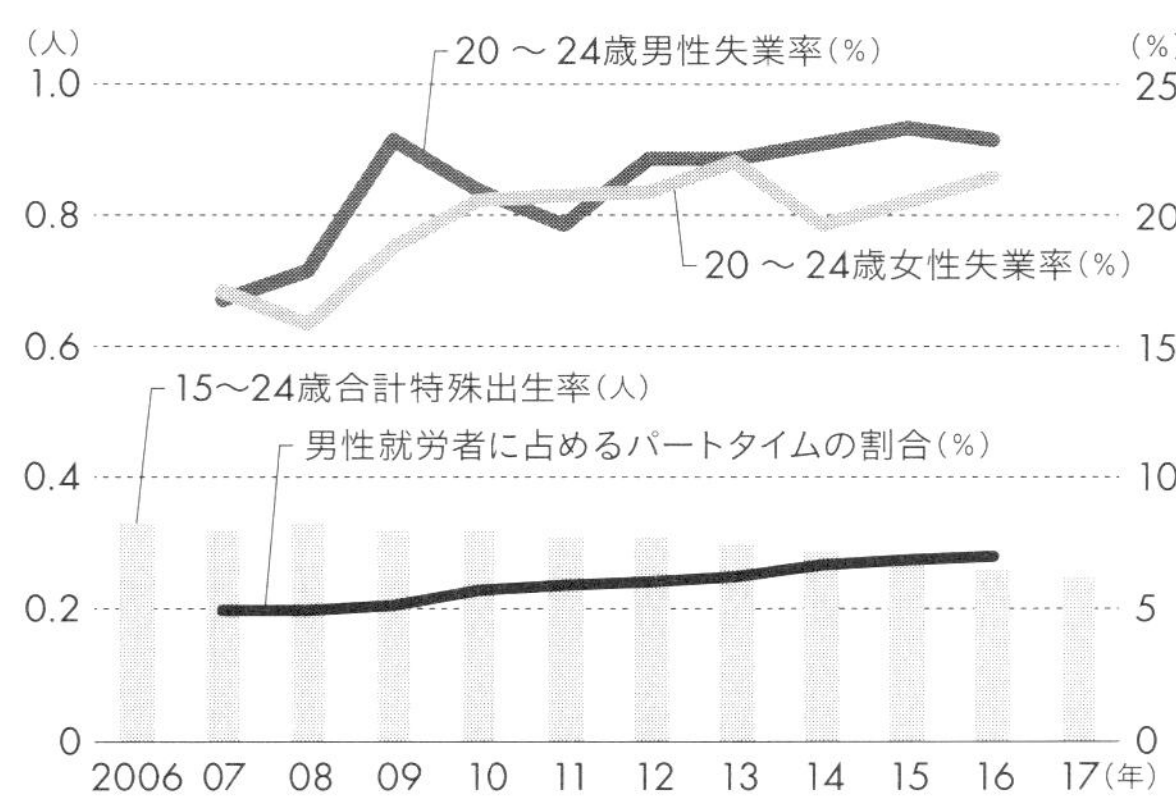

出所：出生率についてはInsee、その他データについてはOECD「Labour Force Statistics 2017」に基づき筆者作成

それが、雇用流動化を進め、失業率を減らしたい政策も後押しして、企業側からパートタイムを増やしてきた。したがって、パートタイムを選ばざるを得なくなっている人も増えてきた傾向がある。フランスの場合はパートタイムでの無期限雇用も定着しており、最低賃金の保障もなされ、有給休暇や職業訓練の権利は正社員と同じであるため、パートタイムでも一概に生活が不安定とはいえない。しかし、男性の仕事への満足度が低くなる可能性が指摘されている。[*9]

こうしてみてくると、若年層の失業

率の高止まりや、就業できても希望どおりではない男性の増加などが、じわじわと将来への不安になっていく可能性がある。そうなると、「子どもを持ちたい」と男性の側で考えにくくなり、2番目の条件を達成しにくくなるかもしれない。また、家計の支え手としての女性の役割の重要性が上がると、子どもを持つことより仕事を優先する女性が増えることも考えられる。

なお、フランスは若年層のニート率（就労、就学、及び職業訓練のいずれも行っていない若者で、15～19歳）の割合でみても、7・9％とOECD平均の7・1％を上回っている。[*10] 2005年、2010年、2014年と経年変化でも増加しており、将来への不安が蓄積されていく可能性がある。パリに数日滞在するだけでも、区域によって貧富の差が大きく、活気や希望を感じにくい場所がはっきりしていることを実感できる。

少子化先進国だったフランス

女性が子どもを産む条件の5番目には「十分に資源があること」が挙がっていた。ずいぶん広い表現だが、パートナーと自分の価値観や仕事以外の資源というと、社会的な子育ての環境や、住宅、両親等からのサポートなどが考えられる。

いわゆる「子育て支援」策は、「お金による支援（これを行政用語では現金給付という）」と、「保育所等のサービスによる支援（現物給付）」の2つに分けられる。現金給付の代表的なものは、子どものいる家庭に対して支給される現金（日本でいう児童手当）や税制優遇、現物給付の代表的なものは、保育所整備や医療サービスの提供などがある。

フランスで子育て支援政策の中心にあるのは、全国家族手当金庫（Caisse nationale des allocations familiales：CNAF）である。全国家族手当金庫は、各種手当の支給という現金給付に加え、保育所の設置や運営費への補助金により、現物給付の役割の一端も担っている。

「家族手当」と聞いて、日本でいう「児童手当」を想像し、「金庫」と聞いて日本の金融機関の一形態である「信用金庫」を想像すると、「家族手当ひとつで〝金庫〟ができるの？」という疑問がわく。

実際、日本の児童手当の手続きでは、市町村に提出する各種書類のなかで振込口座を指定すれば、自分がいつも使っている金融機関等の口座に手当が振り込まれるだけである。それに比べて「金庫」と名前のつく団体がある、というのがまずフランスの特徴だろう。全国の各県に101カ所（2018年）設置されて3万6000人が従事しており、該当する家族は家族手当や乳幼児受入手当、住宅手当などをワンストップで受けることができる。[*11]

この家族手当金庫の生い立ちは、フランスの少子化対策の歴史と重なる。フランスは少子化対策の優等生という以上に、政治指導者が代々「出産奨励主義」を明らかにしているといわれる。[*12] この背景をたどると、隣国ドイツへの対抗意識が大きく影響しているという。

フランスでは19世紀、死亡率が下がってから出生率が下がりだすまでの時間差が短く、欧州の他国よりも「少子化」が早く始まった。19世紀末、ドイツが約1600万人も人口を増やしたのに対し、フランスは約280万人しか増えず、[*13] もともとはフランスの方が多かったところを抜かれ、規模に大きく差がついた。

欧州諸国の人口の自然増加率を比較した調査によると、1850年代以降1913年（第一次世界大戦の前年）までの間、イギリスもドイツも10年ごとに10％以上の自然増加をほぼ達成したのに対し、フランスは0・7～2・7％の間にとどまっている。[*14] その間、1871

年に普仏戦争で敗北した原因として、出生率の低下が問題視された。「人口が少ないと、国として弱い」という実感であろう。

なぜ、フランスで「少子化」が早くから始まったかというと、さらに18世紀末、1789年のフランス革命にさかのぼる。フランス革命では「自由、平等、博愛」がスローガンとなり、一般国民から権力への抵抗心が形になった。それまでの時代においては〝国民〟といっても、権力者が統治する領土における食糧生産のための労働力であり、戦争をするための兵力だったことに対する、反発である。

また、18世紀には、フランス革命以前から始まっていたカトリック教会の弱体化が進んでいた。これがどういうことを意味するのか、キリスト教の聖書で最初に出てくる「創世記」をみてみよう。第1章の冒頭で神が天と地を創造する。その27－28節には、次のように書いてある。

「神は自分のかたちに人を創造された。すなわち、神のかたちに創造し、男と女とに創造された。神は彼らを祝福して言われた、『生めよ、ふえよ、地に満ちよ、地を従わせよ。また海の魚と、空の鳥と、地に動くすべての生き物とを治めよ』[*15]」

こうした記述により、特にカトリックは大家族をよしとする考えを強く持つため、脱キリスト教化はいわゆる「産めよ、増やせよ」から距離を置くことにもなった。

さらに、フランス革命で「自由、平等、博愛」がうたわれたことにより、財産の相続において「長子相続」をやめ、「兄弟姉妹間の平等」を制度化したのである（均分相続という）。親から一番上の子にまとめて財産を相続されなくなることが、なぜ少子化につながるのか。それは、農民の場合、生産手段の基本である農地の細分化を意味し、子どもが大勢いてもそれぞれが生計を立てられるだけの農地の規模を確保できなくなると恐れるためである。

フランス革命の以前から隣国イギリスでは産業革命が起こっていたのに対し、フランスでは半世紀ほど遅れて工業化が始まるため、農民としてどう生きるかが国全体に大きく影響したという状況もある。

こうした背景でフランスでは、戦争で一時的に産めないとか、伝染病や飢饉（ききん）の影響で人口全体が縮小するなどといった理由とは別に、個人の選択レベルでの「少子化」が早くから始まったといえる。もちろん、産業革命は低賃金で働く都市労働者を増やすだけだったともいえるだろうが、前時代に比べて権力者の言いなりにならず、宗教による規範意識からも距離を置き、経済的なメリットも考慮して「少子化」を選び始めたのだった。

戦争で繰り返される出生率の増減

「少子化」の実態が明らかになり、リーダー層が隣国との比較で脅威を感じるようになると、対策が始まる。1896年、「フランス人口増加のための国民連合（または、フランス人口増加国民連盟や、フランス人口増加全国同盟などと訳される）」が設立された。この団体が、その後のフランスの家族政策に影響を及ぼしたというのが通説である。

医師兼パリ市統計局長で人口統計専門家のジャック・ベルティヨンら、医師や研究者、ジャーナリスト4名が共同創設者となった。[*16] 会員数は、設立時は128名だったのが、やがて1920年には2万名に達し、タイヤメーカーのミシュラン社の創業者兄弟など実業家も多数含まれていた。[*17]

ただし、すでに「少子化」を選び始めた国と時代における議論は、「人口増加に向けてみんなでがんばろう」というほど単純ではなかった。1798年にイギリス人のマルサスが

『人口論』の初版を出し、人口の増えすぎが資源の枯渇を招くとの警鐘を鳴らしてから、すでに約100年が経っていた。

フランスでも、人工的・科学的に産児制限をすることを主張する人たち（新マルサス主義者と呼ばれる）もいたほか、女性解放の観点から妊娠の自由を主張するフェミニストも出現していた。筆者の理解では、様々な立場の主張が闘わされた結果、女性組織の多くが中絶や避妊に反対していたこともあり、「女性は家族のために出産と子育てに励むべき」という考え方が社会の中心になったものと考えられる。

先ほど、個人の選択レベルで少子化が始まったと述べたが、個人といっても女性ではなく、家族（男性中心）の選択としてというのが実態なのである。

その後、20世紀前半の人口動態は、どの国でも、戦争の影響を大きく受けた。戦争が始まると出生率が下がり、終わるとグンと上がってベビーブームが来るということの繰り返しである。出生率は、若い男性が徴兵されて戦地に行き、女性が銃後に残るために下がり、男性が帰還して家族が合流したり新たに結婚したりするために上がるのである。

しかし、1914～18年の第一次世界大戦のあとのベビーブームは、フランスではすぐに終わってしまった。第一次世界大戦とインフルエンザの流行でフランスでは人口を３００万人も減少させ、若い世代を多く失ったことも影響している。１９３０年代の時点では出生率こそ２・０を上回っていたが、死亡数も多く、人口の自然減が発生した。こうしたことから、フランスは出産奨励重視をしっかりと選択していったのだった。

なぜ子育て政策の予算の大半を企業が担うのか

手厚いといわれるフランスの子育て予算の源流も、この時代にある。１８６０年の時点において、海兵隊員に対して、10歳未満の子どもを扶養する場合には手当が支払われるようになった。賃金に付加的に上乗せされる手当の登場だった。こうした取り組みは、公共部門（公務員）から準公共部門（鉄道会社など）に広がっていったとされる。[*18]

公共部門と準公共部門における手当としてとどまるのであれば、「今も昔も公務員の処遇は恵まれている」という程度のものかもしれない。特筆すべきは、家族手当の導入が、このしばらくあとには民間の経営者にも広まっていったことではないだろうか。

あとで述べる、法律による「国としての仕組み」以前に、公務員や、企業の福利厚生策としての取り組みが存在したのである。民間では1884年に初めて導入され、1891年にはレオン・アルメルという経営者が「家族金庫」を創設した。[*19] 公務員の場合と同じように、子どものいる従業員に対して、給料とは別に「家族手当」を支払うというものだった。

家族金庫はさらに広がっていく。

企業経営者が、子どものいる低所得の従業員から支持を得るための手段として意義を認めたからであろう。個々の企業での取り組みにとどまらず、1918年に、金属工業を営むエミール・ロマネが「家族手当補償金庫」を創設した。

これは、家族手当の支出を企業間で均等化するための仕組みで、ここから「金庫」という名前が生まれたわけである。7年後の1925年には160金庫、1万社、115万人に拡大した。[*20]

なぜ企業経営者がここまでしたかというと、1918年までかかった第一次世界大戦による労働者の困窮をなんとかしなければ、労働力が確保できなかったからだろう。かといって、単独の企業単位で負担するのは難しく、集まって管理運営する方が企業間の労務費の差をなくし、負担を小さくできるため、「家族手当補償金庫」が広がったと考えられている。

エミール・ロマネの場合、労働者の訴えによって生活状況の調査をして対策を打ち出したのだが、地元の金属工業雇主組合で同調者が多かったために可能となった[*21]。

これらの取り組みを下地としたうえで、1932年、「家族手当に関する1932年3月11日の法律（1932年法）」が成立し、労働者（従業員）を雇う使用者（経営者）には、「家族手当補償金庫」への加入が義務付けられた。国の制度に「昇格」したのである。

家族手当に対しては、子どもの有無によって賃金が変わってくることになるため、同一労働同一賃金の観点から反対する意見もあった。

例えば、1895年に結成された「労働総同盟」というフランスで最も古い労働組合もその1つだったとされている。しかし、経営者が家族手当の導入に踏み切ったのは、経営者からみると、労働者側の一致団結が避けられ、一律の賃上げ要求をかわすという効果もあったらしい。

フランスで労使の交渉に関する法律ができ始めるのもこの頃である（例えば、1936年に産業別の協約交渉を行う「協約法」ができる）。

いずれにしても、労使という関係の議論が盛り上がって制度化されるか、されないかという時点から、すでに「家族手当」が導入され、魅力ある労働環境づくりの施策の1つと認められていたというのは大きな特徴であろう。

男性が「選択」した少子化

1932年に国の制度となった家族手当であるが、出生率はすぐに回復しなかったこともあり、1939年には支給対象者に農業労働者も加えるという改正がなされた。さらに、1939年には「家族法典」が制定され、家族手当の支給対象に雇い主や自営業者も加わったため、子どもを育てているすべての働き手に広がったといってよい。専業主婦などに対する「主婦手当」も含まれている。国も、財政による支援を行っている。

家族手当のための支出を重視する流れは、フランスがドイツに占領された第二次世界大戦下や、最近では1980年代の厳しい財政状況のもとでも、変わることがなかったと評価されている。19~20世紀初頭からの、「家族」「出産重視」の考え方や手厚い家族手当制度が、脈々と続いてきたのだ。

特に3人以上の子を持つ家庭に対して優遇し、富裕層優遇だと批判をされたとしても出生数を優先して手厚く支援した、という割り切りもあった。

ただし、女性の立場からみると、「女性は家庭に入り、出産・子育てに励むべし。それを国が支援する」という価値観が「家族」という綿にくるまれて選択された歴史でもある。実際、フェミニズム運動が本格化する1960年代まで、フランスの女性は避妊のみならず、離婚や資産の保有も認められず、「かなり強く家庭に縛られていた」ともいわれる。[*22]

第二次世界大戦直後の家族政策については、1945年の所得税の計算方式[*23]や、1948年の住宅手当の導入（子ども数の増加に伴う住居費負担増に対処するため家族給付に住宅手当を導入）があるが、フランスが現在でいうような、少子化対策と女性活躍推進をセットで進め始めたのは1970年代からである。

フランスでは1960～70年代になって「女性解放」が進んだ。1965年に女性の経済的自立を許す法律が成立するまで、自分の配偶者（夫）の許可なしに働いてはならず、銀行の口座からお金をおろしてもいけなかった。1804年の「ナポレオン法典（ナポレオン・ボナパルトが作った法律）」以来、1960年代までこのような法律が生きていたことは、想像するのも難しいのではないだろうか。ナポレオン法典が少しずつ修正されていった過程はここでは追わないが、今から約50年前になって、ようやく女性が「一人前」として認められるようになったといえる。

また、避妊や中絶の合法化も同時代である。フランスでは１９２０年にできた法律で、避妊及び中絶、及びそれらについての情報提供までもが非合法とされていた。それが、１９６７年の通称「ヌーヴィルト法」により経口避妊薬が合法化され、１９７５年の通称「ヴェイユ法」により人工妊娠中絶が合法化された（なお、世界的にみれば、「女子に対するあらゆる形態の差別の撤廃に関する条約〈女子差別撤廃条約〉」が締結されたのは１９７９年のことである）。また、１９７５年には離婚法の改正により協議離婚の仕組みが導入された。

こうした女性の自立を支える法制度は、出生率の低下につながった。１９６０年代後半から出生率は急落し、１９７５年に初めて２・０を切り、１・９３となった。[*24]

先に述べたように、フランスでは19世紀から「少子化を個人レベルで選択」していったが、それは「少子化を家族として選択」、さらに言い換えれば「少子化を男性が選択」していったところに、戦争が国の行く末を大きく左右した。そのなかで、家族の長である男性の意思決定により、出産奨励主義を選び、家族手当が創設され、それが「家族政策」という方針のもとで脈々と守られてきたのが、まず１９５０年代までである。そこに、１９６０年代から70年代を通じて、「女性の選択」が加わり、少子化がぐっと加速したと理解することができよう。

しかしフランスのリーダーたちは、この新たな流れに対して対策を講じるのも早かった。というよりもむしろ、一連の「女性解放」の動きとともに、「専業主婦の減少、共働きの増加」と出生率の下落を予想し、準備も進んでいたのではないかと思われる。出生率が下がったと同時の１９７０年代後半から、フランスでは次々と「仕事と育児の両立」を支援する制度ができてくるからである。

フランスの「仕事と育児の両立」支援制度については、日本の内閣府や厚生労働省、その他かなりの数の資料を簡単に入手することができるため、ここでは概要をまとめておくにとどめる。内閣府には「子ども・子育て本部」があり、「少子化対策」に関する調査研究について、２００４年分（平成16年版）から公開されている。また、最新のデータについては、厚生労働省のウェブサイトで「白書、年次報告書」の箇所にある「海外情勢報告」が毎年更新されるほか、国立社会保障・人口問題研究所や、労働政策研究・研修機構などの情報も参考になる。

復帰を考え推奨される「ハーフタイム労働」

フランスでは1977年に最初に「育児親休暇制度」が導入された（日本では1991年に「育児休業法」が成立）。当初は従業員数200名以上の企業に働く両親を対象とし、出産後最長2年間だった。企業規模に関係なくすべての労働者が活用できるようになるのは、1994年からである。期間は1986年に3年間に拡充され、3歳からの公的な学校教育のスタートに合わせられた。

しかし、仕事のブランクが長期にわたりすぎると復帰が困難になりがちなことから、育休を短縮してパートタイムを選べるようになった（ハーフタイム労働という名称）。労働時間の短縮率は、1991年に週16時間から80％までの間で選択できるようになった。

2017年時点では、子どもが3歳になるまで、①全日の休暇または②パートタイム労働への移行のいずれかが選択できる。父、母ともに同時または交代で取得可能である。

利用状況については、日本で女性の育児休業取得率が約80%であることと比べると低くみえる、母親55%（労働時間を削減、あるいは労働を中断し休暇を取得）、父親12%であった。[*25]スウェーデンなどと比較して男性の取得率の低さが課題とみられている。

子どもを預ける施設としては、1980年代、全国家族手当金庫により保育施設の拡大が促進された。この背景には、女性の社会進出による保育所不足があった。

ただし、フランスでは3歳未満の子どもを日本でイメージするような保育所（日本でいう認可保育所）に預けるのは、必ずしも一般的ではない。保育所の形態も、集団保育所のほか、親が組織して作る「ペアレント保育所」など多様である。保育所ではなく、個人として「認定保育ママ」を雇うケースも多い。資格として認定された保育ママを雇って自宅で子どもをみてもらうか、保育ママの家でみてもらうか、の両方がある。

認定保育ママの資格が最初にできたのは1977年のことで、1990年、認定保育ママの雇用に対する援助が創設され、現在では「保育方法自由選択補足手当」に形を変えている。認定保育ママとして登録している人は31万人に上る。

フランスの子育て支援に関する資料を読み比べると、選択肢が非常に多くて、正直なところ分かりにくい。ただ、これはフランスの家族政策の視点として「多様で自由な選択肢」を重視してきたことの裏返しでもあるだろう。女性の育児休業の取得率が低くみえることも、「育児休業か、否か」という二択以外が存在することを示しているともいえる。

育児休業を取っていない人や取っても1カ月未満の人は、出産休暇と、両親からの支援や認定保育ママなどもフル活用しているのだろう。

なお出産休暇は、いわゆる産前と産後の休暇だが、産前6週・産後10週のため、日本の労働基準法より産後が2週長い。また、すでに家庭に子どもが2人いる場合には、産前8週・産後18週の休暇を取得することができる。

14歳以上に手厚いフランスの家族手当

フランスの現金給付は、乳幼児受入手当と家族手当に大別される。乳幼児受入手当には、出産手当、養子手当、基礎手当、育児分担手当、増額育児分担手当、保育方法自由選択補足

図表 2–5
子ども向け手当の比較（日本とフランス）

	日本	フランス
子どもの数	1人から	乳幼児受入手当は1人から、家族手当は2人以上から
子の年齢上限	中学校修了まで（15歳の誕生日後、3月末まで）	乳幼児受入手当は3歳未満、家族手当は20歳まで
所得による金額差	あり	あり
子の年齢による金額差	3歳未満で15,000円、3歳以上は10,000円（1人当たり月額）。所得制限を超していたら一律5,000円	家族手当では、14歳以上の子どもに加算。所得が500万円で子どもが2人なら、家族手当は基礎給付が1人8,450円＋加算8,450円（＝16,900円）

出所：厚生労働省「2017年海外情勢報告」P.143に基づき筆者試算、作成
注：フランスは1ユーロ＝130円で概算

手当が含まれている。所得制限のある手当とない手当があり、細かな条件はあるが、全体として利用者の多様なニーズをカバーできるようになっている。

家族手当は、子ども（20歳まで）が2人以上の場合、家族に支給される。家族手当は長い間、所得の多寡にかかわらず同額で支給されていたが、オランド政権のもと、2015年7月に所得制限が設けられた。このことが出生率の低下につながったとする見方もあれば、所得制限の影響を受けたの

は20%の富裕層のみで理由とはいえないとする見方もある。

日本の児童手当と比較して注目すべき差は、「14歳以上に加算する」フランスの家族手当か、「3歳未満に厚く」する日本の児童手当かという点である。日本では保育所の保育料こそ3歳児から下がるが、子どもの成長を具体的に考えてみただけでも、食費、被服費、教育費、住居費、いずれも年齢が上がるにしたがってお金がかかるのが普通である。

一昔前の日本なら、30~40代といえば所得水準もぐっと上がって家計自体が成長するから、これでもよかったのかもしれない。しかし、日本の子育て世代の所得水準は上がるどころか前の世代に比べて大きく減っているところからして、子どもが大きくなるにつれて減額される手当は、子育て世代の実情に沿っているとは言い難い。フランスの家族手当の方が子育て費用のかかり方に対応できているといえる。

約半数が取得する「父親休暇」

かつての「父親は外で仕事、母親は家で家事・育児」という価値観から脱却する必要を国全体として認識し、後押ししていることを、男性にも女性にも示すために、父親向けの取り組みも無視できない。

育児休暇の取得率でみると、前述のように北欧に比べて低く、男性の家事・育児参加の観点では見劣りのするフランスであるが、母親の出産時には、父親は３日間の休暇を取得する権利が労働法により保障されている（１９４６年）[*26]。

また、この３日間とは別に、父親にも出産時向けの「父親休暇」が２００２年に創設されている。子の誕生から４カ月以内に11日間（双子以上の場合は18日間）の休暇を連続して取得することができ、賃金の日額基本給が医療保険制度から支給される。男性による取得状況については、２００３年、２００４年とも出生数の約48％が取得し（双生児などは考慮していない）、平均取得日数は10・８日だった[*27]。

念のため強調しておくと、これは育児休業とは別の制度で、１９４６年から「権利」と法律に明記されているものだ。育児休業取得率向上の号令のもとに、母親の出産時に父親をよくて5日程度休ませてお茶を濁しがちな日本との差は大きい。

なぜ「M字カーブ」は解消されたのか

子育てにあたり、勤務場所や勤務時間が柔軟であるかどうかも、働く親にとっては重要な関心事である。フランスというと、毎日残業もせず長いバカンスを取るというイメージがあるが、１９６０年代までは日本と変わらない、週労働時間の平均が45時間を超えるような長時間労働だった。それが、60年代後半から急速に低下した。女性解放が進んだのと同じ時代、労働者の権利も強化されるなかで法定労働時間に実労働時間を収めることも実現していった。

その後、週労働時間は１９９８年に週35時間まで短縮されたものの、２００３年に実質39時間になる制度の見直しが行われるなどして年間労働時間にでこぼこはありつつも、２０１６

図表 2-6
フランスの年齢別女性の就業率

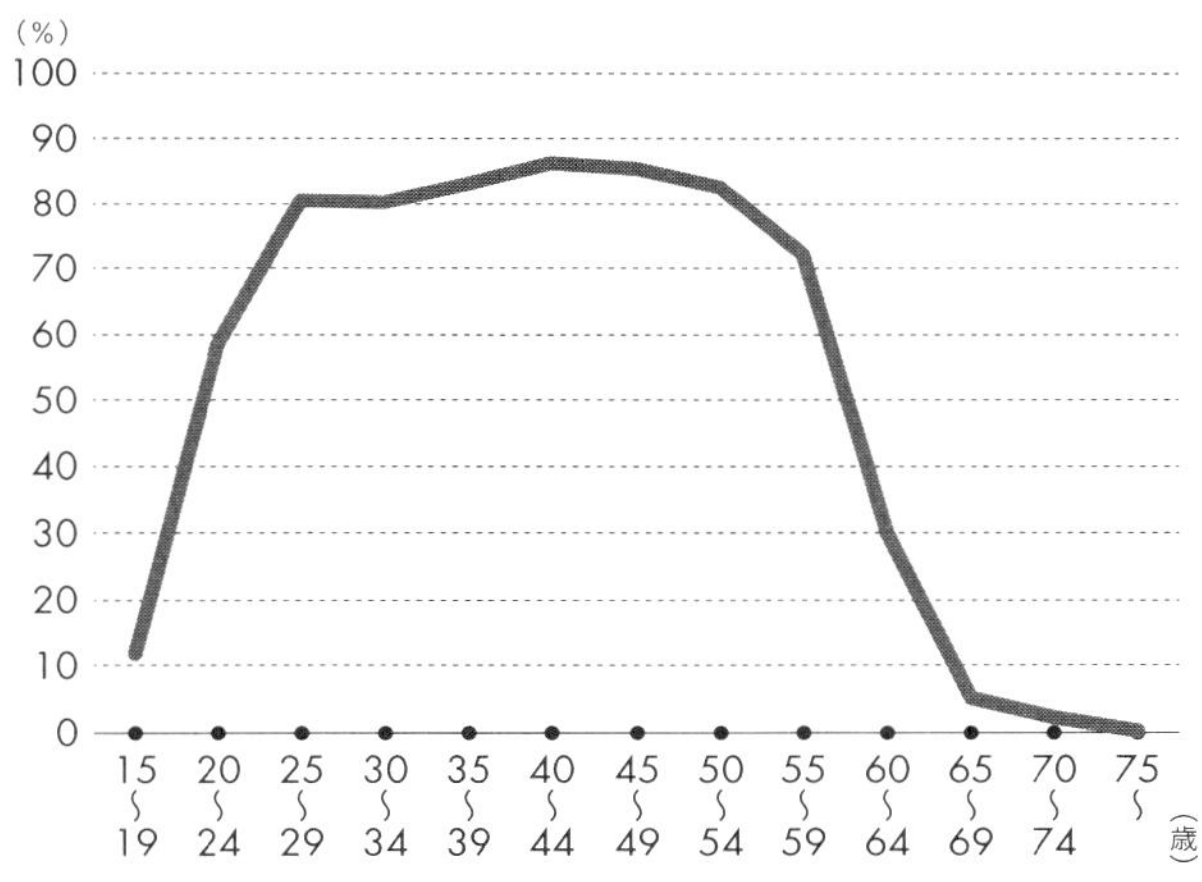

出所：労働政策研究・研修機構「データブック国際労働比較2018」に基づき筆者作成

年には1472時間と、日本の1713時間は大きく下回っている。[*28]「労働時間の短縮によって生活の質が向上したかどうか」という調査が2001年に行われており[*29]、やや古いが、それによると女性の管理職・中間管理職では「向上した」との回答が70%を超していた。

　小学校の子どもの送り迎えにフルタイムの男性が行きやすくなったなどの効果も指摘されている。管理職ほどもともとの労働時間が長かったことからも、労働時間短縮による満足度が高かったことが想像できる。

なお、フランスでも裁量労働として規制対象から外れる人が増えているなどの事情もあり、単に労働時間が短い国であるというレンズでは見ない方がよい。

こうした施策を総合的に推進することによって、フランスでは、女性の労働力率（15歳以上人口に占める労働力人口の割合。就業者＋完全失業者＝労働力人口）に関するいわゆる「M字カーブ」が解消された。２０１６年の労働力率をみると、女性では25〜54歳で80％を超えており、30代の凹みはみられない。80％以上の女性が働きつつも、出生率１・９２（２０１６年）を達成していた。

まとめると、フランスでは、女性は「仕事か、子育てか」という二者択一を迫られる必要がなくなっている。さらに、仕事と子育ての両立方法についても、比較的多様な選択肢が用意されているといえるだろう。

社会保険が適用される不妊治療

以上のように、フランスで子どもを産んだ人のための支援策が確認できたが、そもそも

「なぜ産むのか」の話に進みたい。日本では不妊治療の費用や、治療と仕事との両立が社会的な課題として認識され始めたところだが、この点でもフランスは先を行っている。

フランスでは不妊も病気とみなされるため、治療のほぼすべてを社会保険がカバーする。これは、１９９４年の公衆衛生法典という法律で定められた。ただし、保険がきくのは生殖可能年齢までという制限（43歳になる前まで）があるほか、体外受精の件数にも制限がある。これは、治療の成果と受診者の健康などとのバランスに配慮したものだ。２０１０年時点で、治療を始める年齢の平均は34歳（女性の場合）と、日本よりも3年早かったという。[*30]また、男女そろって検査しないと治療が始められないという点も知られている。

日本でもようやく、男性向けの啓発や対策が講じられ始めたところであるし、費用の問題についても国の助成制度に加え、自治体が独自の助成を行うところも出てきている。しかし現時点では自治体による条件差が大きく、複雑さは否めない。国として少子化対策を重視するからには個人はどこに住んでいてもお金の心配をしなくてよい、というのも、フランス社会全体の合意の表れだと思われる。

ところで、不妊治療と関連のある言葉として、「生物時計」という表現がある。「体内時計」というと1日単位の、「おなかが空いた」「眠い」などを指すときに使うが、「生物時計」というと、人の一生を24時間に置き換えて時を刻むイメージだ。一般に、ある年齢を超えると妊娠しにくくなることが知られているように、女性にとっての生物時計というときには、「産みやすいときを逃さないように」という文脈で使われることが多い。

この、生物時計というテーマについても先行研究は膨大な量があり、場合によっては妊娠にまつわる神話や誤解を生んでいるケースもあるようだが、ここで触れておきたいのは、多くの研究の起点となったデータというのが、フランスで１６７０年から１８３０年までの間に取られた出生の記録だったことだ。結婚から出産を終えるまでの家族の記録が教会区ごとに取られており、長期間のまとまったデータとして価値があったことが、１９６０年代の研究により見出された。

最近では他のデータセットも増えてきているようだが、最新の生殖補助医療（Assisted Reproductive Technology：ＡＲＴ）によってどの程度出産が変わるのか、といった論文でも古典データとしていまだに引用されている。こうした土壌があったことも、フランスの１つの特徴といえるだろう。

フランスのユニークな取り組みとしてもう1つ、2004年に生命倫理法に基づき設立されたのが「生物医学庁」だ。同庁は臓器移植、生殖補助、出生前及び遺伝子診断など、最新の生物や生命に関する分野を担当する。同庁のウェブサイトによると、こうした機関は欧州唯一であるといい、[*31] 国内の100カ所程度ある不妊治療実施医療機関に関するデータが集められている。こうした機関に資源を投入していることも、人口に関心の高いフランスならではなのかもしれない。

家族や人口についてオープンに学び合う

フランスでは、家族や人口、子どもを産むということなどについて、一般の人でも理解できるように情報を発信する政府機関があるほか、過去には非政府組織（NGO）らも含めて正式に政策提言をする場もあった。こうした取り組みは、家族や子どもについて関心を持つ人を増やし、子育てをしたいと考えるような価値観を形成するための土台づくりに役立っているのではないだろうか。

まず、１９８２年に、家族問題全国会議（Conférence nationale de la famille：全国家族会議、年次家族会議などとも訳される）が開催された。このイベントは、１９９４年には法律によって定期開催が義務付けられるようになったもので、参加者は行政、親の団体、労働組合、産業界など多岐にわたり、政府に対し具体的な政策提言までできる役目を担っていた。

家族問題全国会議による提案から実現した施策として、以下が知られている。[*32]

●２０００年　重い病気の子どもがいる親のための「親付添い手当」の制度化
●２００１年　父親になった男性のための「父親休暇」の制度化
●１９９８～２００３年　保育施設の設立、幼児教育への投資
●２００３年　乳幼児受入手当（ＰＡＪＥ）の制度化
●２００５年　新たな育児休暇の制度化（第三子が生まれた場合、休暇を短くする代わりに手当を増額）
●２００５年　３人以上の子どもがいる家族に産業パートナーが割引を行う新たな「大家族カード」の制度化

家族問題全国会議は、現在では「家族児童高齢者高等評議会」という組織になり、家族、子ども・青少年、高齢者に関する情報発信により、分野横断的な専門知識を世の中に提供するという役割を担っている。

人口に関する専門機関としては、Ｉｎｅｄの存在が大きい。Ｉｎｅｄは１９４５年に設立された国立の研究所で、人口動向の調査や情報の普及活動を担う。日本での著作も多いエマニュエル・トッド氏は、２０１７年に定年退職するまでＩｎｅｄに所属していた。

１９４５年10月、第二次世界大戦の終結後すぐに設立された当時の研究所の目的としては、「人口の数量的な成長と、質的な発展に貢献し、さらに人口に関する知識の普及のための有形無形の方法」研究と、人口に関する情報収集を行うとされていた。[*33] これは、実質的には出産奨励主義を背景としていた。

その後、１９６８年3月から現在に続く月刊誌「人口と社会」を発行し始めた。１９７０年代を通じてフランスで「女性の解放」が進み、出生率が低下していくのと並行し、出産奨励主義とは一線を画するようになる。１９８６年には、フランスの公的機関としてよりステータスの高い、研究に特化した機関としての地位を獲得し、より広い経済・社会の発展という観点からの、世の中の関心に応えるための人口学的知識の普及を新たな役割とした。

さらに1990年代に陣容を拡大し、フランスでのエリート教育機関であるグランゼコール出身者が増え、博士号取得研究者にとっても入所競争の厳しい研究所となったという。研究対象もフランスだけではなく、欧州、途上国、世界へと広がっていった。

実際に、Ｉｎｅｄのウェブサイトには英語による情報も豊富に掲載されており、例えば中国など諸外国の情報を得るのも簡単だ。人口問題に関する知識や情報についての普及・啓発を設立目的としているだけあって、堅苦しさなく家族、出生率、性別、ジェンダー、寿命、移民、民族、住宅や交通と都市、生殖補助医療といった多彩な情報に触れることができる。

フランスのこれらの取り組みは、「そもそも、産むことへの興味・関心」を喚起していると考えられる。興味・関心を持ってこそ、産むことが選択に値するという価値観形成への第一歩になっているのではないだろうか。

新たな家族の創造

フランスと少子化対策の関係で忘れてはならないのが、ＰＡＣＳの存在である。ＰＡＣＳは１９９９年に法律により公布された仕組みで、連帯市民協約や連帯民事契約と訳される。性別を問わず、成人２人の間で安定した持続的な共同生活を営むことを目的に結ぶ契約のことを指す。

契約では、当事者同士の助け合い、住宅、不動産、税金、社会保障に関する権利と義務について取り決める。親子関係については、例えば片方がすでに子持ちであるケースの親権などが気になるところであるが、ＰＡＣＳでは自動的な効力は持たない。

ＰＡＣＳを締結するためには、通常、「出生証明書」と「慣習証明書」の提出が要求される。「慣習証明書」とは聞きなれない言葉だが、在フランス日本国大使館によれば、同証明書には「ＰＡＣＳ契約を行う当事者が成人に達していること」「現在婚姻またはＰＡＣＳ契約をしていないこと」「法律能力を有していること（被後見人でないこと）」が記載される[*34]べきとされる。

ＰＡＣＳ創設当時は裁判所での登録が必要だったが、２０１１年以降は裁判所でも公証人のもとによる登録でもよくなり、さらに、２０１７年からは裁判所から自治体に管轄が移った。そのため現在では、市役所か公証人が窓口となっている。パートナー関係を解消したい場合も、当事者のどちらかから市役所か公証人に申告することで可能である。また、パートナーのどちらかによる婚姻あるいは死亡によって自動的に解消される。[*35]

このように書くと手続きが面倒のようにみえるかもしれないが、書類だけで契約の締結も解消もできるという点で、教会や裁判所が介在してくる結婚や離婚よりも手軽といえば手軽であろう。導入当初は税制面で婚姻カップルの方が有利だったところもあったが、２００５年にはそれも同一となり、平等化が進められたことも見逃せない。

２０１６年にフランスで登録されたＰＡＣＳは18万９７５６件で、婚姻の22万６６１４件よりは少ないものの、家族の形態として定着した。[*36] もともとは同性カップルが、異性カップルと平等の権利を持つべく創造された仕組みであったが、制度導入後は異性カップルがＰＡＣＳを積極的に選んだことでＰＡＣＳ数が急上昇したといえる。

図表 2-7
新生児の両親のステータスの推移

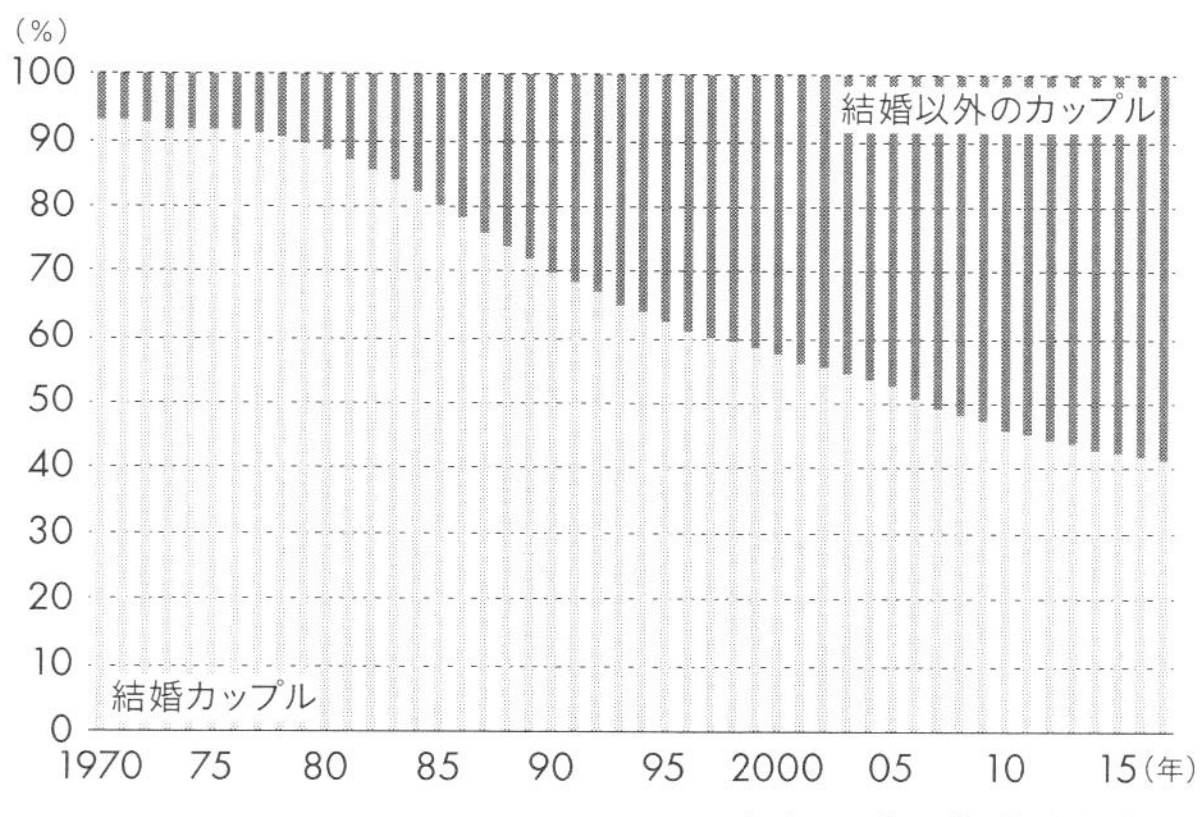

出所：Ined [2018] に基づき筆者作成

こうなると、もともと婚外子の多かったフランスにおいて、その傾向が強くなることも容易に想像できる。２００７年以降、その年の新生児の半分以上が婚外子である。２００６年から、婚外子かどうかによる法律上の差がなくなったことも影響しているだろうが、変化自体は漸進的でそこにでこぼこがあるわけではないことから、現状追認型の法改正だったことが想像できる。２０１７年には新生児の58・6％の両親が結婚していない[*37]。

フランスにおいては、両親が結婚しているかどうかで子どもが区別されることはもはやなく、残っているのは、誕生年に父親が認知するかどうかであるが、これは4％未満に下がり、さらに減少傾向であるという。[*38]

婚外子がもともと多かったフランスなのだから、ＰＡＣＳの導入は少子化対策に影響を及ぼさなかったとする見方も可能だろう。しかし、子どもを産むための条件に挙げられる「安定的なパートナーがいる」手段として、選択肢が増えたことは少なくともマイナスではなかったはずだ。

実際、１９６０年に年間の婚姻件数は32万件だったが、２０１７年の婚姻とＰＡＣＳの合計数は41万件を上回っており、安定したパートナーと認め合っているカップルの数が現在の方が多くなっているという効果は見逃せないのではないだろうか。

定義が異なる2つの出生率

ここまでの話から、フランスは今後も少子化対策の優等生であり続けるのかを考えてみたい。将来を考えるには、一般には知られていないもう1つの出生率をみておこう。

それは、「コーホート合計特殊出生率」[39]というものだ。

第1章で合計特殊出生率とは、「一人の女性が一生の間に産む子どもの数」であると述べた。厚生労働省の定義では「15~49歳までの女性の年齢別出生率を合計したもの」となっているが、これは15歳から49歳までが統計上の出産可能年齢であるからだ。この理解でほとんどのことは足りるのだが、合計特殊出生率といっても実は2種類ある。それが、「期間合計特殊出生率」と「コーホート合計特殊出生率」である。

前者の方が、毎年発表されては一喜一憂しているデータであり、通常はこちらを指す。本書第1章で用いたのも、期間合計特殊出生率である。なぜ「期間」の方が一般的かというと、後者の「コーホート」の方は、実際にある世代の女性が一生に何人産んだか、という「結果のまとめ」データであるため、ある世代が「産み終わり」の年齢に達しないと確定させることができないからだ。

したがって、2017年の出生率として、前者の方は確定しているが、後者の方は、2017年に50歳以上の世代にとって確定しているものである。特に、晩婚化や晩産化が進んだ現在では、昔ほど、同世代が一斉に産むということがなくなっているため、2つを使い

図表 2-8
2つの合計特殊出生率の特徴

期間合計特殊出生率	コーホート合計特殊出生率
1年ごとの出生状況を示す	特定の世代の人の、 人生を通じた出産経験値を示す
すべての年齢の母親に注目	特定世代に注目 （通常は50歳以上）
短期的な外部環境の変化が 影響する	短期的な影響を除外する
年次比較、国際比較に よく用いられる	一般的には用いられない
短期的なデータ取得で 算出できる	長期データの記録状況によっては 不確かになりうる（個人で記憶を さかのぼる場合）
他の呼び方は特になし。英語では Total Fertility Rate（TFR）	イギリスではCompleted Family Size（CFS）として政府統計資料 にも登場

出所：各種資料に基づき筆者作成

分ける意味があると考えられている。それにしてもどうも分かりにくいが、比較整理すると図表２－８のようになる。[*40]

期間合計特殊出生率の方が、国際的にまたは時系列での比較をしやすいと一般的にはいわれている。確かに、国際比較という意味では特定年の社会の特徴を示す定量情報として、「フランスが高くてドイツや日本が低い」と、一目瞭然で説明を多く要さないよさがある。

また、例えばリーマンショック

のような国際的に広範囲な不況の影響が出生率に悪影響を及ぼすと仮定して、経済への影響の大きさと出生率への影響の大きさの差や、影響が出てくるまでの時間差を比較分析することは有用かもしれない。フランスの場合、リーマンショック後も出生率はあまり下がらなかった。

この理由の1つとして、社会的なセーフティネットがあったために、個人レベルでの短期的で著しい影響がすぐには出にくかったとみることができる。他方、そのセーフティネットは財政による負担だったために、あとになって、財政難により手当等の子育て支援策が縮小されたり、失業率が高止まりしたりするなどして影響が長引くという説もある。このような、社会保障の制度間比較をする際にも、期間合計特殊出生率が使いやすい。

しかし、一国内での時系列の変化をみるにあたっては、期間合計特殊出生率は産むタイミングの影響を大きく受けるがゆえに、一喜一憂こそできてもそれ以上に実のある議論につながっていない怖さがある。コーホート合計特殊出生率は、「その世代」、より厳密には「○年生まれ」という1年単位で社会に横ぐしを刺す。子どもを早くから産んでいる年次、そうでない年次がくっきりとみえてくるということである。

なお、出生率に関する情報で注意を要するのは、「合計特殊」と言わず、単純に「出生率」と言った場合である。英語でも、「fertility rate」と「birth rate」とが微妙に区別されていないことがあるが、日本語でも同じ言葉が使われてしまっている。人口学や統計学の言葉はもっと分かりやすくなってほしいものだ。

「40歳までに約2人」がキープできた理由

では、具体的にフランスの状況を確認しよう。図表2－9では、縦軸は子どもの数でこれまでみてきた出生率と同じだが、横軸は異なる。「何年生まれの女性」かを示している。つまり、1930年生まれの女性は、1人平均2・63人の子どもを産んでいた。この内訳は、24歳までに0・9人、29歳までに1・77人と、若いうちに産む人の多かった世代であり、対象世代中、最も多く産んでいたことが分かる。棒グラフの長さが、全体に徐々に縮んでゆく。棒グラフの内訳にある、「24歳まで」「29歳まで」が特に小さくなっていく。すなわち、20代で産む人が減って30代で産む人が増え、結果、1970年生まれの女性は、1人平

図表 2-9
世代別子どもの数と何歳までに産んだか（フランス）

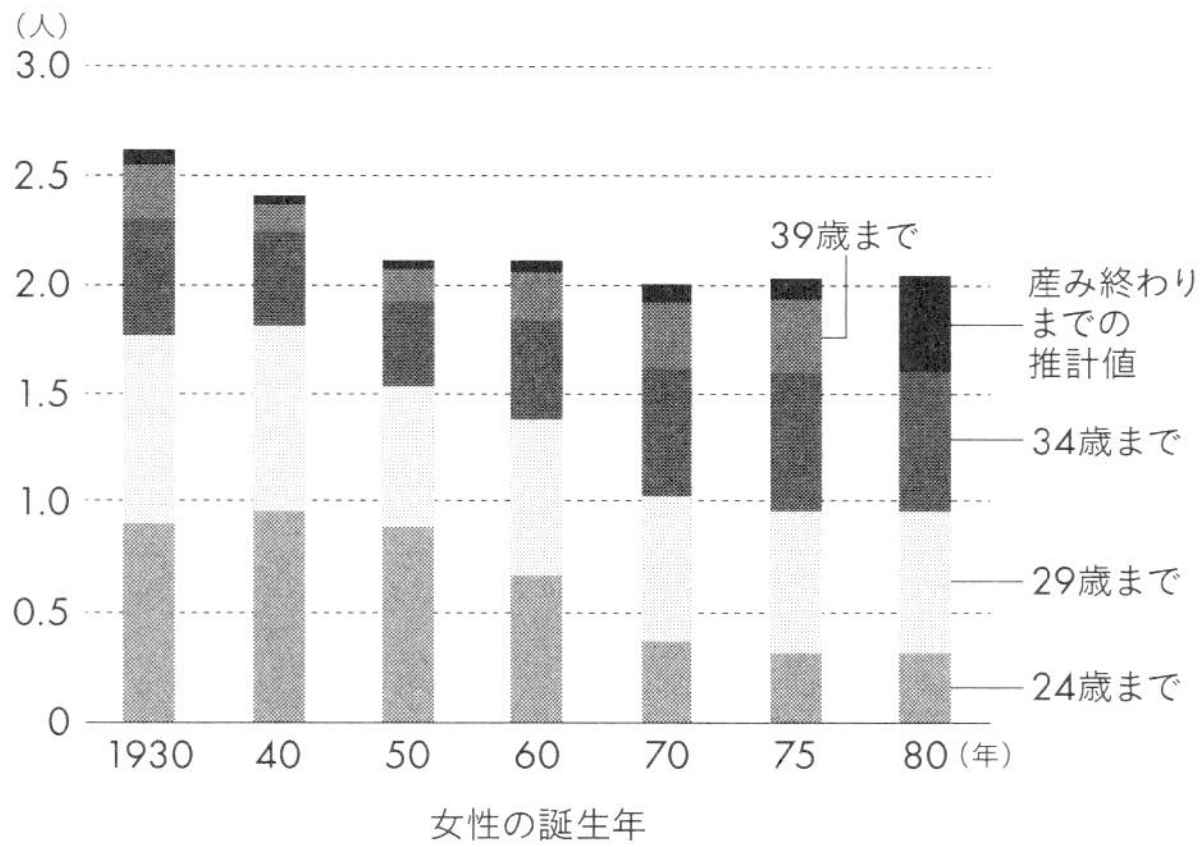

出所：Ined資料（2016年データ）に基づき筆者作成

均2人ちょうどの子どもを産んでいる、と読める。

1930年生まれと1975年生まれを比べると、前者は20代でほぼ2人産んでいたのが、後者は20代で1人、30代で1人というのが一般的となってきたわけである。

このデータは、2016年のデータを用いて2017年3月に発表されたものである。2016年には1975年生まれは41歳と、まだこれから産む余地があることから推計値にはなっているものの、39歳までならば1・94人という実績が出ている。さらに、

Inedが2018年3月に発表したデータによれば、1977年生まれは40歳までに1・99人を産み終えており、40代で少し増えることを想定すれば最終着地は2・05になるだろうと予測されている。[*41]

注目すべきなのは、1970年生まれ以降10年間、「40歳までに約2人」をキープしているという点である。リーマンショックや欧州の財政問題で経済が混乱した2010年前後にこの世代は30代だったが、その影響は根本的なものではなかった様子もうかがえる。こうしてみると、直近3年間の出生率は確かに連続して減少したものの、一時的なものにとどまると判断したくなる。

こうした「コーホートでみれば出生率に変化なし」という感覚は、Inedの2018年3月発表の定期レポート「人口と社会」にも表れている。

それによると、過去50年のフランスの人口動態において、「注目すべき点は4つ」となっている。その4つとは、①平均寿命が驚くほど延びたこと、②晩産化が進んだこと、③婚外子が増えたこと、④PACSという家族形態が発明され成功したこと、である。

高齢化に関することが1つ、出生に関することが3つであるが、「出生率が下がった」とはどこにも書いてはいないものの、２番目に晩産化を挙げてはいるものの、１９７７年生まれは、その母親世代（１９４０年代後半から50年代生まれ）と比べて、ほぼ同じ約２人の子どもを産むとし、「母親世代に比べてずいぶん遅く産むようになった」ことのみが注目されている。

晩産化の理由については、先進国ではどこも似たようなものであるとし、教育により長い時間をかけること、働く女性が増えたこと、男性にも女性にも共通して、十分な準備ができ人生に落ち着きが出てから子どもを望むようになったことを指摘している。「十分な準備」とは、資格（qualification）、安定した仕事、住居及びパートナーのことを指す。また、避妊の浸透と中絶の合法化によって、特に若い女性にとって望まない妊娠の可能性を減らし、出産を遅らせることに寄与しているとする。

面白いのは、この晩産化の傾向が今後も続くのか？　という考察である。平均出産年齢は２０１７年で30・７歳だが、これが32歳程度までいくことは想定の範囲内であるとする（理由としては、スペインが２０１５年に31・９歳に達しているため）。ただし、生物学的理由により、平均年齢が35歳や40歳に到達する可能性は低い、とも述べている。生物学的理由とは、産もうという意思決定をあまりに先延ばしにしすぎると妊娠しにくくなることを指す。

20歳なら4%、35歳で14%、40歳で35%、45歳になるとほぼ80%が不妊のリスクに直面することを指摘している。先進国には共通して、40歳以上の出生率が初産でも増える傾向にはあるが、ボリュームゾーンになるにはまだ遠い。

日本人にないフランス人の楽観性

こうした現状分析の結果、一番注目したいのは、フランスにおいて、期間合計特殊出生率がさらに低下を続ける、あるいは、コーホート合計特殊出生率が2・0をはっきりと割り込んでいく可能性があるかどうかだ。1960〜70年代の「女性解放」のように、好不況の波とは関係のないレベルでの社会の変化が生まれ、コーホートのレベルで「産みたい」という意欲、土台の部分を揺るがすようなことが起こるのだろうか。

1つの可能性は、政治や経済分野への女性の進出がさらに進み、仕事と子育ての両立の標準モデルが「誰でもパートタイムの仕事で子どもは2人」から、「誰でもフルタイムの仕事で子どもは1人」になっていくことだ。現在でも1人目の出産のあとではフルタイムで仕事に復帰する人は多いが、２人目、３人目となると減っていっている状況を前提として、仮に男性の所得が伸び悩むなどして女性がフルタイムで働き続ける必要性が高まるとすると、「フルタイムだし、１人で十分」という形が広まることは考えられるだろう。

他方、母世代も祖母世代も「子どもは２人」が普通という環境で育ち、かつ、徐々に「フルタイムで２人」というロールモデルが世の中に増えているという時間的変化を含めて想像してみると、「母は途中でパートになったけれど、私は30代で２人産んでもフルタイムで続けていけそうだ」というところに落ち着く可能性もやはりある。

数名の若いフランス人女性に話を聞いたが、しっかりと学業を修めて自信を持って仕事をしている人ばかりだったためか、「２人か３人欲しいかな」という希望をあっさりと、こともなげに言うのを聞いた。フランスの子育て支援策が手厚いだけではなく多様な選択肢を内包していることが楽観的な雰囲気につながっているとも想像でき、フランスでは子育てを希望すればかないやすいというのはこういうことかもしれない。

ちなみに、日本で就職活動をしている女子大生に聞くと、「子どもは欲しいけど……」と、「けど……」のつくことが多かった。モノをハッキリ言うか言わないかという文化的違いはあるにせよ、語尾が弱くなってしまうのが何か気の毒で、「欲しいなら欲しいことを周りに伝えておくのも手だよ」と付け加えるしかなかった。

女性が政治や経済分野にさらに進出しようとも、Inedが想定するように平均出産年齢32歳程度までの晩産化であれば（2017年の実績プラス2歳程度）、単なる先送りであり「最終的には平均2人」レベルは維持されるとみることも、十分できる。生殖補助医療技術も年々充実するだろう。

つまり、政治や経済分野での女性の進出が進み、より責任のある仕事を担うようになったとしても、「仕事最優先で子育てはあきらめる」というほどの転換にはならず、両立したい人はできる、という楽観シナリオが実現しそうな気がしてくる。

親になれない若者世代

しかし、「いつまで経っても自分は親になるだけの十分な準備ができる気がしない」という考えが若い世代で強く、かつ長くなると、楽観シナリオの前提がゆらぐ。金銭的な余裕を含めた心の余裕や自信のなさが、そもそも「子どもを欲しい」と思わなくさせるのだ。フランスにおいて、これまでの価値観を揺るがすような深刻さがある要素としては、格差の拡大が考えられる。

「格差」を意味するために最近よく使われている言葉は、「両極化（polarization）」である。所得の大きさでみて、中間層が減って、富裕層と貧困層が増えるようなイメージである。

格差の拡大は先進国共通の課題でもあり、世界中の政治家や経営者らが集まる「世界経済フォーラム」でも、発生可能性の高いリスクとして「所得格差」が第1位に挙がったことさえある（2014年）。もともと競争を是とする感覚の強い英米や、家父長的な権限が強く「家は長男が継ぐ」という意識の強かった日本やドイツに比べ、18世紀から「自由、平等、博愛」を掲げるフランスにおける格差拡大には、より深刻な意味がある可能性もある。

親子の関係でいえば、親の経済状況が影響する「子どもの貧困率」については、フランスのランクは先進国37カ国中15位と平均並みとなった（日本は23位）。[*42] フランスが目立つのは、「社会経済文化的背景」という指標が子どもの学力テストに与える影響について、最も大きい国となったことである。

この指標は、学習到達度調査（Programme for International Student Assessment：ＰＩＳＡ）というＯＥＣＤによる国際的な学力調査における結果の1つで、「親の学歴、親の職業、家庭の財産、文化的所有物（美術品及び古典文学）、教育資源」という5つのサブ指標から測定される、子どもにとっての「社会経済文化的背景」を指す。

要するに、どのような家庭に生まれて親がどのような状況にあるのかが、その子のテスト結果に影響したのかを分析した。分析の結果、「背景」を示す指標が1上昇すると、子どもの読解力・数学・科学分野でのテストの結果は、フランスでは平均56ポイント上昇した。これは、２０１４年の平均値38・1ポイントを大きく上回ったのだった。

56ポイントの差は、学校教育のほぼ2年分に相当するといわれている。さらにフランスの場合は、２００６年以降3回の同調査で、不公平性が増したとも評価されている（この点は韓国、フィンランドも同様）。ＰＩＳＡのテスト結果は一時的なものであるが、こうした「社会経済文化的背景」の影響は個人の学習成果に対し、長期的に続くと考えられている。

「貧困の連鎖」については日本でも社会の課題となっているが、所得が平均以下の世帯では子どもの養育費を捻出できず、社会保障があっても出生率は低いという研究もある（なお、所得が高い層はまた、子ども1人当たりの養育費も高いため、出生率が低いという傾向も認められている）。

こうしたことを考え合わせると、フランスで格差やその固定化が進めば、将来に希望を見出せない層が増え、子どもを持とうという意欲が下がることにつながる可能性がある。

日本の内閣府が実施した調査では、「あなたは、全部で何人の子どもが欲しいですか」という問いに対して、フランスの回答は2010年に2・4人だったのが、2015年には2・0人に下がったという結果もある[*43]（回答者は20～49歳の男女。この結果については、調査直前にパリ同時多発テロが起きたこともあり慎重な判断が必要と分析されている）。

以上のように、フランスでは、産み時期をある程度まで遅らせても2人産めるだけの環境はほぼ整えられているといってよく、この点からは今後も先進国のなかでは高い出生率を維持していくと期待できる。しかし半面、所得の格差が教育などを通じて連鎖・固定していく傾向が強まれば、過去150年にわたり実施してきた家族政策の手法も、また新たにバージョンアップすべきときが来るかもしれない。

第3章

ドイツ

超低出生率から抜け出すのか

「小さな奇跡」の裏側

ドイツの人口は2017年9月時点で8274万人と、欧州連合（EU）のなかで最も人口の大きな国である。うち、ドイツ人が7316万人、外国人が957万人であり、外国人の割合が11・57％となった。ドイツにおいて人口に関する議論は、移民や難民の受け入れと切り離せない。2011年9月から2017年9月までの6年間のデータ（図表3―1）をみても、人口全体は約3％（243万人）増えたが、その内訳はというとドイツ人は84・6万人の減少、外国人は328・1万人の増加である。[*1]

外国人が増えることによって総人口が増える傾向が、一貫して続いている。ドイツ連邦統計局による2060年までの人口推計も、移民受け入れのペースが低いパターンと高いパターンでまず示されており、移民に対する関心の高さを物語っている。

ドイツは、少子化対策についていえば、先進事例としてみられていない。なぜなら、フランスと異なり、ドイツの出生率は長らく低迷していたからである。ドイツの期間合計特殊出

図表 3–1
6年間のドイツの人口構成の変化

	2011年	2017年	増減人数（増減率以外の単位・千人）	増減割合
全体	80,305	82,741	2,436	103.0%
男性	39,213	40,822	1,609	104.1%
女性	41,093	41,919	826	102.0%
ドイツ人	74,011	73,166	–846	98.9%
男性	36,044	35,721	–323	99.1%
女性	37,967	37,444	–523	98.6%
外国人	6,294	9,575	3,281	152.1%
男性	3,168	5,101	1,932	161.0%
女性	3,126	4,475	1,349	143.2%

出所：ドイツ連邦統計局資料に基づき筆者作成

生率は、1995年に1・2と、OECD諸国での最低を記録した。ドイツの出生率が他国と比べても低いのは当時始まったことではなく、1970～80年代はドイツがほぼ単独で最低ラインを描いている。

1990年代に入ると、イタリア、日本、韓国、ロシアなどが1・3～1・4付近の最低グループを形成し、2002年からは韓国が最低となったため、単独最下位の地位は返上したものの、際立って上昇するということはなかった。

そのドイツの出生率が2016年

図表 3–2
ドイツの出生率推移

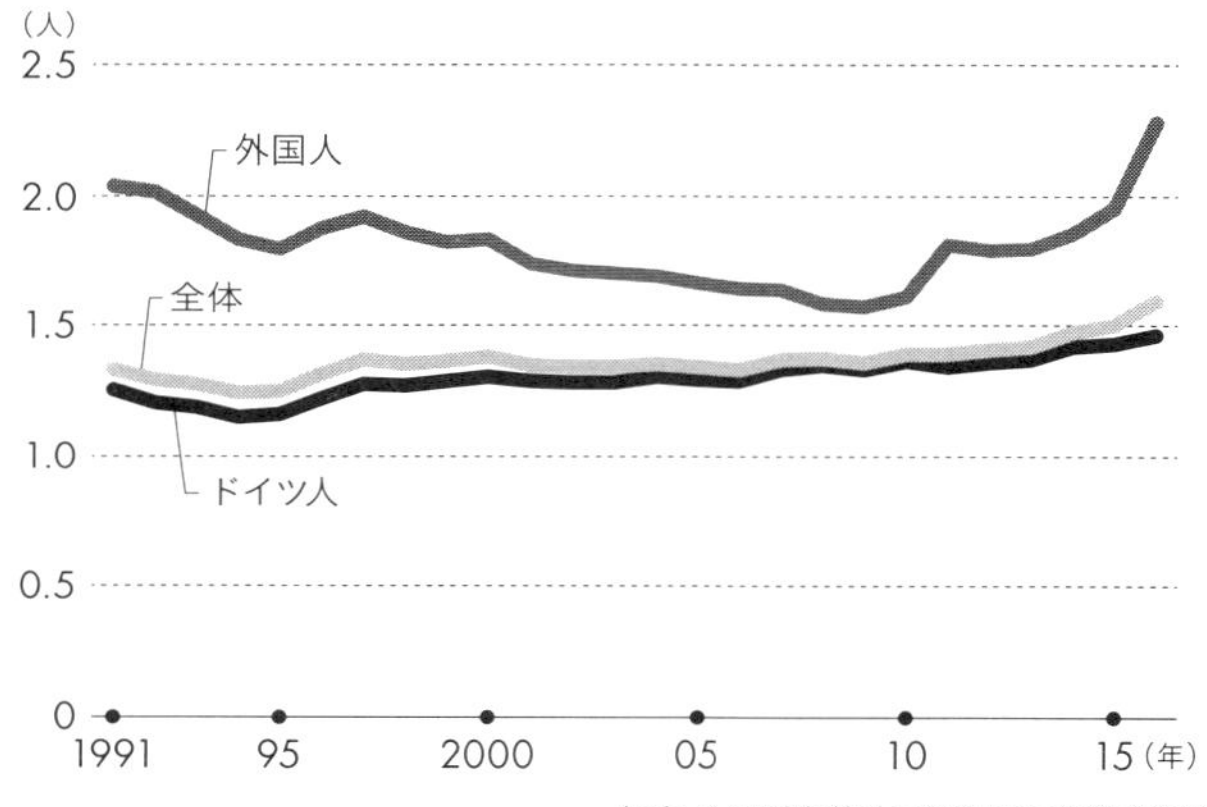

出所：ドイツ連邦統計局資料に基づき筆者作成

には１・５９に上昇し、ドイツとしては１９７０年代前半の水準にまで戻した。生まれた子の数でみても79万２１３１人と、５年連続の増加で１９９６年以来およそ20年ぶりの高水準となり、国内すべての州で増加したという。[*2] このことは、同国のメディアでは「小さな奇跡」とさえ評された。この奇跡の裏側にも、外国人の出生率の急上昇が存在している。

過去25年分の出生率の推移（図表３―２）をみても、外国人の方が一貫してドイツ人よりも高い。しかし、１９９０年代から２０００年代にかけてと、２０１０年以降はグラフの形が異なっている。ドイツ人の出生率は、１９９５年に１・２で底を打ったのち、やや上昇して横ばいになり、最近3年では１・５近くまで少しずつではあるが戻してきている。それに対し、外国人の方は、２００９年までの約20年間は大きく減少した。１９９１年には２・０を上回っていたのが、２００９年には１・５７まで低下したのだ。それが、２０１１年に急上昇して、２０１６年には２・２８と、一気に２・０を超した。この結果が、２０１６年のドイツ全体における出生率の跳ね上がりにつながった。２０１０年以前と比べ、出生率のもともと高い国出身の女性がドイツで子どもを産むケースが増えてきていることを示している。

新生児の母の４人に１人が外国人

２０１６年に生まれた新生児のうち18万４６６０人、全体の23％の母が外国人だった。２０１１年以降に生まれた子どもの内訳をみると、この比率は17％程度で推移していたが、２０１５年に20％を超え、２０１６年はさらに大きく伸びた。ドイツでも母親の年齢の中心は30代であるが、その30代の人数を移民が約10％押し上げているというデータもある。州や

図表 3-3
出生数に占めるドイツ人と外国人の推移

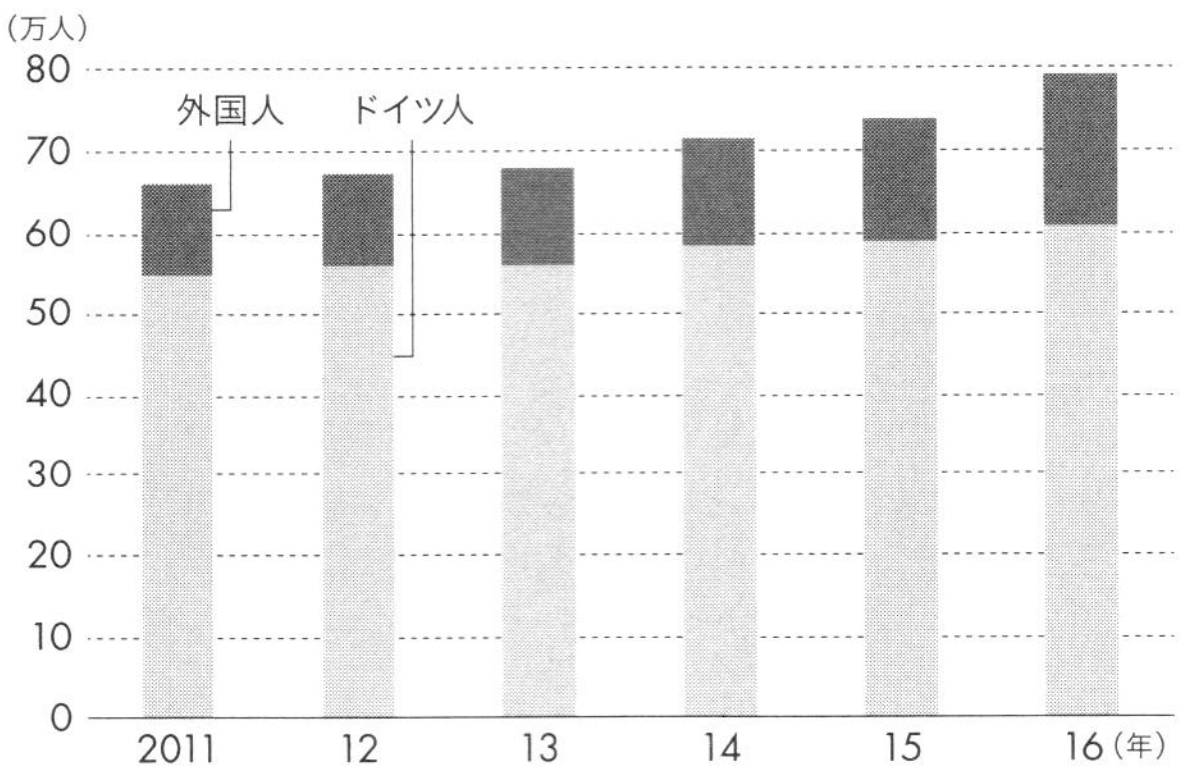

出所:ドイツ連邦統計局2018年3月28日発表資料に基づき筆者作成

図表 3-4
主な外国人新生児の内訳推移

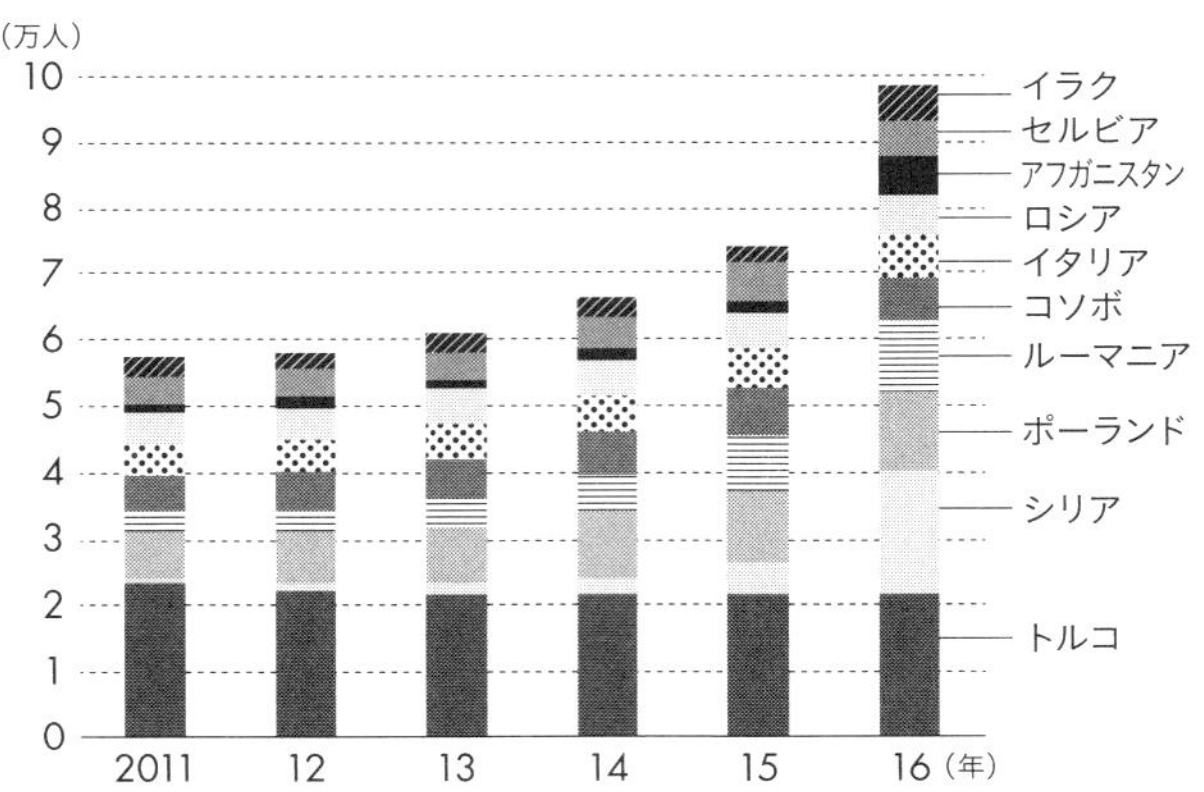

出所:ドイツ連邦統計局2018年3月28日発表資料に基づき筆者作成

自治体によってバラツキがあることを考えると、小さい赤ちゃんとお母さんは外国人ばかりにみえる地域もあるだろう。ここで確認しておきたいのは、母親がドイツ人という子も増えていることだ。これは全体の人口の増減とは異なる傾向である。

ドイツ連邦統計局では、子どもの国籍別人数も発表している。外国人の子ども全体でみると、主には欧州諸国だが、最近シェアや伸びの大きい10カ国分の内訳によると、図表3―4のとおり、2016年までの6年間、一貫して単独で最も多いのはトルコである。2015年までは、次に多いグループはポーランド、ルーマニア、コソボといった東欧諸国だったが、2016年に急上昇したのがシリアである。東欧諸国の絶対数も伸びてはいるものの、こうした目立った状況も、ドイツの難民受け入れに対する人々の考え方に影響を及ぼしていないとはいえないだろう。

東西で今も異なる働き方と子育ての基準

こうしてみてくると、ドイツの人口に関する話題はとにかく外国人次第という印象を受けなくもないが、ここ数年は好調な経済と失業率の低下傾向も見逃せない。また、戦後の歴史を振り返ると、１９４９年に東西ドイツに分かれ、そして１９９０年に統合したことの影響も大きい。フランスが19世紀にドイツとの普仏戦争に負けて出生率の低さを問題視したことは第2章で述べたが、ドイツの場合、第二次世界大戦時ナチス政権下での人種主義的・強制的な人口政策への嫌悪と反省から、出産を奨励するような政策はタブーだったとされる。[*3]

戦後の歩みについては、西ドイツと東ドイツで大きく異なった。社会主義政権のもとにあった東ドイツでは、女性も生産のために労働者としてフルタイムで働くのは普通であり、かつ、労働人口をキープするために、仕事と子育ての両立も当たり前のこととされていた。そのため、保育所の整備も進んでいた。

他方、西ドイツでは、先に触れたファシズムへの嫌悪と反省から国は家族といった私的な領域には介入せず、「社会的公正のための経済上の不平等を是正するにすぎないとする助成原則」[*4]を基本とした。つまり、子どものいる家庭の子育てにかかる経済的な負担を軽減するという発想にとどまっていた。

社会福祉国家としての制度は充実させ、１９５３年には家庭省を設置して児童手当などを手厚くしていた。母親は主に家庭で子育てをするという考え方が根強かったのは、例えばドイツでは小学校の給食がなく昼食は家で食べるといったことや、ドイツ人主婦の家事ノウハウが日本でもよく紹介されてきたことからも想像できよう。

1990年の東西ドイツの統合後、基本的には旧西ドイツの政策や制度が引き継がれた。1990年代の主な政策としては、育児手当や児童扶養控除の引き上げ、育児休業期間や育児手当の支給期間の延長がなされた。育休の期間でいえば、1992年に1・5年から3年に延長されており、ここはフランスと変わらない。しかし、これらは家庭での子育てを奨励する施策であり、母親の長期離職につながり、仕事と子育ての両立にはならなかった。他方、旧東ドイツでも、社会の急激な変化による混乱や高い失業率により、出生率が急減した（1990年の1・52から1994年の0・77まで）。

仕事と子育ての両立支援については、次節で紹介するように2000年代から考え方を大きく変えてくるのだが、働き方に対する東西の感覚の違いは統合後の現在も根強く残っている。2012年時点でフルタイムで働く母親の割合は、旧東ドイツ地域で55・7％、旧西ドイツ地域で25・2％と、倍も違う。[*5]

また、もう1点よく指摘されるのが、婚外子の割合である。2015年時点において、婚外子の割合は旧西ドイツ地域で29・5%、旧東ドイツ地域で60・7%、ドイツ全体で35・0%だった。[*6] フランスは[*7]59・1%、ノルウェーは55・9%だったのと比較しても、旧東ドイツ地域が高くなっており、欧州のなかではアイスランドの69・6%に次ぐ高さだった。

これは、東ドイツでは出産奨励を意図して、1950年から婚外子の処遇に差をつけない制度ができていたのに対し、西ドイツにはなく、統合後の1997年にやっと婚外子の処遇に関する法改正がなされたためだと考えられる。

「人生のラッシュアワー」にふりまわされるドイツ人

外国人の母親が注目されがちなドイツの出生率だが、ドイツ人が母親の出生数も増えてはおり、過去10年間の出生率でみても1・28から1・46にじわじわと上昇している。この背景として、ドイツ連邦統計局では、家族政策の効果と好調な経済が影響しているとする。

しかし、上昇しているといっても、ドイツ人の出生率は長らく1・5未満なのである。一定して出生率の低いドイツ社会の特徴として、「人生のラッシュアワー」という表現がよく使われている。「ラッシュアワー」とは、25歳から45歳までの間に、大学（院）卒業・就職・キャリア形成・結婚・子育てなどのライフイベントが集中し、人生において最もあわただしい時期であることを指している。ドイツに固有の現象というわけではなく、オーストリアやベルギーの研究者も使っている用語ではあるが、政府の報告書（2012年版の「家族報告書」）での扱いも含めてドイツでその問題意識が高いように思われる。

インターネットで調べても、ウィキペディアではドイツ語サイトが一発で出てくるし、同名の書籍もドイツ語と英語で、ベルリンの出版社から出版されている。ドイツでも、北欧諸国における女性の仕事と子育ての両立は模範的と評価されているが、そのなかで、「ドイツでは経済を理由にして意思決定をしすぎているのではないか」という課題提起もなされている。

ラッシュアワーという表現からは、何か本当に「詰め込まれた」感じがして、なるべくそこから抜けたい・避けたいという意識が働く。お国柄と言ってしまうのは早計かもしれないが、ドイツが低い出生率に直面したのも分からなくはない気がする。

なぜ公務員は子どもを持たないのか

「子どものいない状態」を英語では一語で childlessness といい、日本語ではまだあまり浸透してはいないが「無子」という言葉が使われ始めている。２０１７年７月にドイツ連邦統計局が、子どものいない人の割合が「とうとう落ち着いた」とする発表を行っているほど、国内での関心も高い。[*8]

子どものいない女性の割合は戦前、１９３７年生まれの女性では11％だったのが、１９６７年生まれでは21％と倍近くに上昇したものの、その後の１９６０年代後半から１９７０年代前半生まれでは安定したという。

同局の２０１８年３月の発表によると、２０１６年の子どものいない女性の割合も21％となり、２０１２年の20％からわずかに増えるにとどまった。仕事を持つ女性においても21％と変化はなく、仕事の有無による差異が小さくなったと分析されている。それによると、子どものいない女性が最も多いのは公務員だが、その割合は30％から25％に減少した。

他方、子どものいない女性が最も少ないのは就労者数が2番目に多いグループの wage earners（賃金労働者）だが、2016年には16％と、2ポイント増加した。就労者数が最も多い salaried employees（正社員）は、22％と変化がなかった。自営業やフリーランスの場合は23％前後で微増だった。

このように子どものいない人のプロフィールまで分析されているようにみえるものの、無子に関する調査研究は、欧州の研究者らによると、[*9] 欧州（大陸）でもさほど古くから実施されてはおらず、どちらかといえば英米系の方が進んでいるとのことである。

出生率に期間と世代（コーホート）があることは第2章で説明したが、無子は世代でみれば分かりやすいものの、「ある年」に「子どものいない家庭」を探すには出産と別の調査が必要となり、現実を正確に映したデータ取得の可能性という点で出生率よりも困難なようだ。

また、なぜ研究対象になりにくかったのかというと、子どもがいないことの昔ながらの理由は、貧困や栄養不足で子どもを産めなかった、戦争や移民で夫を失ったまたは結婚できなかった、あるいは宗教上の理由による独身などが多かった、不妊症であった……などとされ、研究者がその理由を探りたくなるような刺激の少ないテーマだったからだろう。

しかし最近では、産める状態でも産まない自発的な無子なのか、産みたいのに産めない非自発的な無子なのかといった要因分析への関心が高まりつつある。

最近の各国の特徴を比較すると、出生率が高め（1・8程度前後）の国でも、子どもの数がゼロの人も多ければ3人以上の人も多いイギリスやフィンランドと、子どもゼロが少なく「2人」が多いフランスや北欧の2パターンがある。

フランスや北欧でも若い世代の出産先送りが続いており、この点については第2章でも触れたが、ドイツでも30代になって出産を実現できるかどうかが大きくきいてくるだろう。

「子どもを欲しいと思っている人」の割合について、ドイツ連邦家族・高齢者・女性・青少年省が毎年出している「家族報告書」の2017年版をみると、18～30歳で子どもが欲しいと考える人の割合は継続的に高く、2000年、2006年、2014年の調査で一貫して、子どもがいない人のうち93％前後が欲しいと考えている。

子どもがすでにいる人で増やしたいと考える人のうち、3人欲しいとする人が旧東西地域とも増えたことから、欲しい人数の平均も旧西ドイツ地域で2・2人、旧東ドイツ地域で

２・０人となった。[*10]

やっと3割を超えた父親の育休取得率

では、ドイツでの家族政策、とりわけ少子化対策にはどのような特徴があるだろうか。統合が落ち着いてきて、２０００年代に入ってようやく、低出生率が問題視されるようになった。

２００２～05年の第二次シュレーダー政権において、低出生率からの脱却と、仕事と子育ての両立支援に重点を置くことが明確になった。両立支援としての柱はやはり、保育施設の拡充と、父親の家事育児参加の２つである。

２００５年からのメルケル政権[*11]では、その流れは一層強化された。育児休業は、「両親休暇」と呼ばれている。「連邦両親手当及び両親休暇法」という法律が根拠となり、期間は３年である。

フランスと同様、取得方法には両親で分担・片方のみ・両親同時のいずれも可能となっている。育休期間のうち、一定部分を父親が担うことを促進するために、両方の親が育休を取得することで両親手当の受給期間が延長される制度（2カ月分）も、2007年から導入された。

両親手当は、2人合わせて最大14カ月間、支給されることになる（シングルの場合は初めから14カ月）。また、2015年には仕事に早く復帰したい親へのインセンティブとなる「両親手当プラス（パートタイムで働く場合に毎月の手当を半額にする代わり、受給期間を2倍にできる）」が導入されている。

父親の育休取得率は3割を超し、2014年に34・2%となった。[*12] 2017年度の日本の父親の育児休業取得率は5・14%、政府目標が13%であることと比べると、すでに非常に高い水準である。父親の両親手当受給率でみると、受給期間は法定どおりの2カ月の人が79%と大半を占め、法定以上に取ろうという人は少数派であるものの、5日未満の多い日本とは比べものにならない。

両親休暇はその名のとおり、親に請求権のある制度だが、親の片方が未成年であるなどの一定の条件のもと、孫を育てる祖父母にも請求権がある。初産年齢が上昇しているなかで親が未成年という条件に合致する可能性は小さいのかもしれないが、他方で高齢者の雇用拡大への関心が高まるなか、今後ニーズが変化してくる可能性もある。

日本では、大手生命保険会社が２００６年に「孫誕生休暇」を導入し、その後、いくつかの民間企業や自治体で「孫育て」と仕事の両立を支援する制度（休暇など）の例が出てきている。

保育を受けるのは「子の権利」

保育所に関するドイツの特徴は、２０１３年8月から、1歳以上のすべての子の「保育を受ける権利」が保障されるようになったことである。これを、「保育施設入所請求権」という。言い換えれば、1歳になれば誰でも保育所に通えるようになった。

２０１４年にドイツの保育所を視察した時点では、「ひとまず、どこか1つには入れるように枠は確保できるが、自宅と職場との利便性確保などの観点から、選べるほどではない」という評判を耳にしたが、それでも「子の権利」として認めてしまうところが徹底している。

ドイツにはかつて、「3歳までは親が育てる」という社会通念が日本と同様にあり、それ以前に子どもを預けて仕事をする母親を「冷たい」とする風向きが強かったが、これはそうした考えをひっくり返すことになった。なお、保育所の数を増やすことについては2005年に保育所設置促進法ができており、政府から自治体への補助強化などが進んだうえでの「権利化」である。

ドイツの子育て支援は資金面でも充実している。ドイツには「児童手当」「児童控除」「児童加算」などの現金給付策があり、児童手当は、原則として所得の多寡にかかわらず18歳未満のすべての子どもを対象としている。

児童控除は、子ども1人当たりの年額の控除額のほか、養育にかかった費用の課税対象からの除外も認められている（2012年以降は、親子の境遇にかかわらず、とされている）。

図表 3-5
ドイツの年齢別女性の就業率

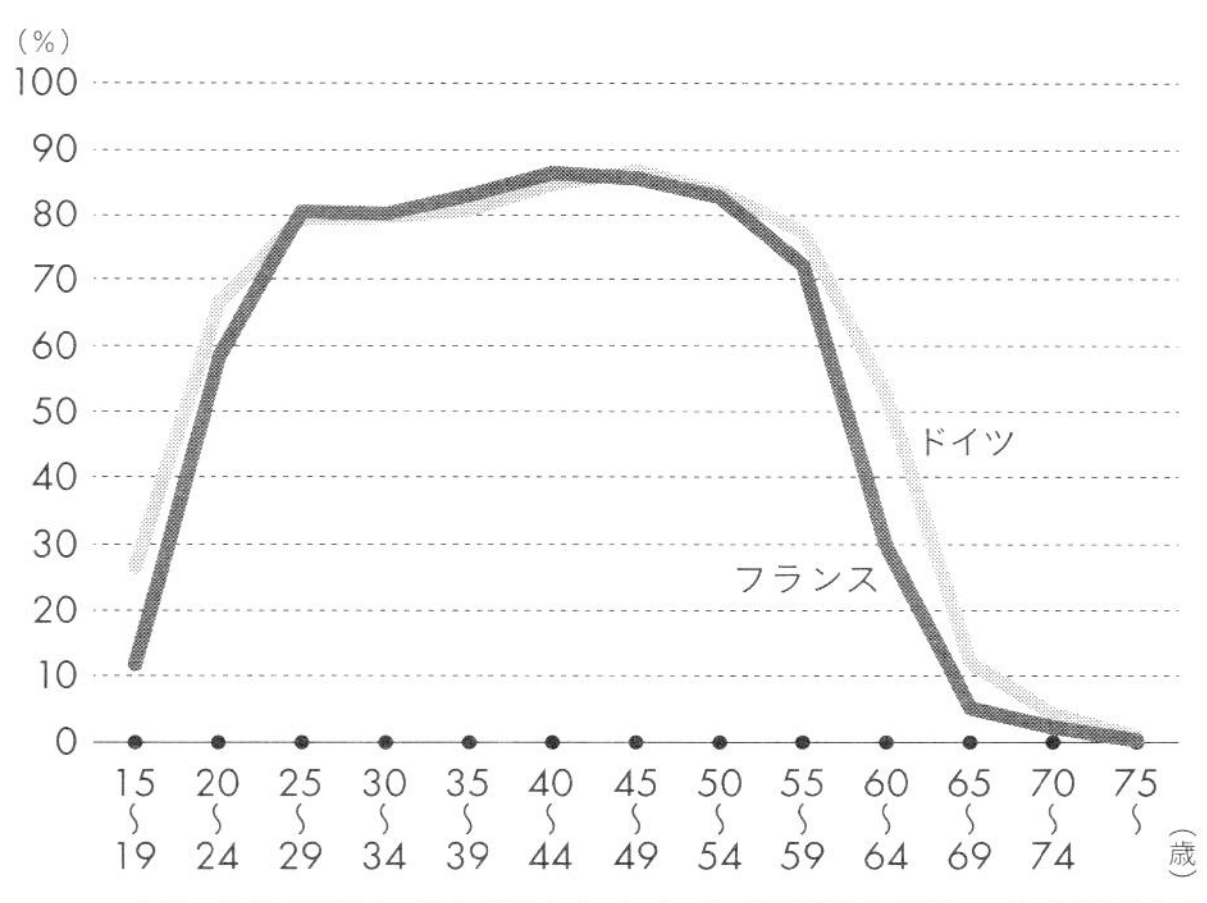

出所：労働政策研究・研修機構「データブック国際労働比較2018」に基づき筆者作成

権利によって保護される労働環境

こうした仕事と育児の両立政策により、女性の就業率の全体についてみると、M字カーブはほとんどみられない。図表3－5のとおり、ドイツでも40代の労働力率は80％を超えている。30代がフランスよりやや低くなっている分、Mの残像がみえるようでもあるが、むしろドイツの特徴は15～24歳や、55歳以降の労働力率の高さであろう。特にシニア層の働き方については、旧東西ドイツの

図表 3-6
ドイツの2006年から2017年への変化

年次		2006年	2017年	増減
ジェンダー・ギャップ指数	全体	0.752	0.778	+0.026
	経済	0.669	0.720	+0.051
	教育	0.995	0.970	−0.025
	健康	0.979	0.975	−0.004
	政治	0.366	0.447	+0.081
出生率		1.331	1.592*	+0.261

出所：世界経済フォーラム「ジェンダー・ギャップ指数2017」、ドイツ連邦統計局資料に基づき筆者作成
注：*は2016年数値

影響が残っていると推測できる。

ただ、男女の働き方の平等という観点でみると、ドイツは欧州平均と比べて女性管理職が29・3％[*13]と少なかったり、男女の賃金格差が大きかったりというネガティブな特徴もある。第2章でも取り上げたジェンダー・ギャップ指数をみると、総合スコアは同じ0・778であるが順位はフランスに次ぐ12位だった。

同一労働同一賃金の面でスコアは上がったものの、相対的に低いのが教育面のスコアで、0・970と全体の98位（西欧で最下位）となっており、1・000を達成済みの国が34カ国ある状況からしても目立っている。

「大学教育は女子より男子にとって大切」と答え

た大人の割合を調べた調査によると、ドイツでは「大学教育は女子より男子にとってより大切」と答えた大人の割合が男性で19・9%と、約5人に1人となった。[*14] ドイツの女性の11・6%や、17カ国平均の13・9%と比べてみると高い。

男女の賃金格差を縮めるために、2017年7月には「賃金構造の透明化促進法」が施行された。従業員数200名以上の企業に勤めている人は、自分と同じような仕事をしている他の性別の賃金情報に関して、「情報請求権」を有するというところが特徴である。もちろん、特定の個人の賃金情報を請求できるのではなく、6名分の平均的な月額給与額に相当する内容を対象としている。

また、2018年2月の第4次メルケル政権の連立協定では、従業員数46名以上の企業では、家庭の事情などでいったんフルタイムからパートタイムに移行した人が、再びフルタイムに戻る権利を認めるという内容も含まれている。細かい条件もあって誰でも行使できるわけではないが、それにしても、日本では女性活躍や働き方への感度の高い企業が自主的にやっている取り組みが、労働者の権利の1つとして語られるところにドイツの特徴がある。

「労働4・0」で変わる働き方

ところで、働き方は子育て支援や女性活躍だけで変わるものではない。ドイツの連邦労働社会省は2016年11月、白書「労働4・0」を発表した。これは、「第四次産業革命（インダストリー4・0）が現実のものとなると、人の働き方はどうなるのか？」という問いに答えるために、2年近くかけた議論の末に取りまとめられたものだ。

「第四次産業革命」とは、製造業のデジタル化を進め、あらゆるモノやシステムをインターネットでつなげて大幅なコスト削減を実現しつつ、新たなイノベーションを創出しようというコンセプトで、2011年にドイツ政府自身が提唱した。

2015年4月に正式に始まった「労働4・0」の議論では、労使団体や学識者からなる「専門家グループ」と、広くコメントやアイディアを募る「一般市民グループ」が設置された。220以上の科学的調査、1・2万人の市民との直接対話、1・5万人が回答したオンラインアンケート、様々な専門会議やワークショップの成果が反映されている。

白書では8つの政策提言が行われた。就業能力、労働時間、サービス業の労働条件、健康な仕事、データ保護、共同決定と参加、自営、社会福祉国家の8つである。「労働時間」については、デジタル化が働き方の時間と場所の柔軟化を促進するが、常時連絡が可能であり休息時間の不履行などの課題があることを指摘し、改めて仕事と生活の両立のための施策が必要だとする。

また、「サービス業の労働条件」としては、従来、女性が家庭内で無償で行っていた保育・介護・家事についてのサービス業の需要が拡大するという前提で、そうしたサービスを担う働き手側の低報酬や保険非加入などの劣悪な労働条件が懸念されている。2015年時点で、家庭向けのサービスに従事する働き手の約8割が、法的な雇用関係にない状態で働いていたという。こうした分野での労働条件の整備を急務であるとする。

「社会福祉国家」については、財政などの課題のほか、デジタル化の時代に一人ひとりが生涯にわたって成長できるような教育や訓練支援の重要性も指摘している。また、若者世代については、少子高齢化の影響によって社会保障費の負担や将来の年金受給額の減少といった観点で世代間の不公平が生じるため、特に今後新たに仕事を始めるすべての若者を対象として不公平の改善に資するような教育・訓練支援が必要だとしている。

一つひとつの内容をみていくと新しいものばかりではないし、日本でも行われている、働き方の変化に関する議論と似ているところも多い。「労働4・0」の特徴は、国民的な対話の成果としてのボリュームを備えていることと、「インダストリー4・0」という産業政策と連関した一貫性があることだろう。

デジタル社会で家族はどう変わるのか

ドイツ連邦家族・高齢者・女性・青少年省の「家族報告書」2017年版でも、「家族とデジタル社会」という章を設けて、デジタル社会が家族にどのような影響を及ぼすのかを論じている。デジタル化のメリットとして、家事を効率化し親子の時間をより長く持てることが挙げられている。家に帰る前に効率よく温度設定をしてくれる空調や、睡眠の傾向を学習して浅い眠りのときにやさしく起こしてくれる目覚まし時計、掃除ロボットなどの例だ。

職場のデジタル化によって仕事やストレスがより増えてしまい、家庭に悪影響を及ぼすという意見もある。しかし、働く場所や時間の柔軟性を向上させたり、計画を自由に立てられたりすることは大きなメリットになる。ただ、メリットはあるものの、ドイツでも子どものいる人の3分の1はインターネットを介して時には家で仕事をしたいと考える一方で、まだ約6％しか活用できていないという。家で仕事をすることで節約できた通勤時間相当の時間を使って家族や子どものためのこと、家事、自分の自由な時間にあてたいというニーズは多く、日本の感覚とも変わらない。

働く場所や時間の柔軟性を追求すると、仕事と生活の境目が曖昧になることの悪影響が心配されがちだが、子育て中の親たちにとっては、柔軟に働けることによって仕事と家庭の調和を保ちやすくなる効果が期待されている。

これらの少子化対策や移民流入効果により、ドイツの出生率はさらに上昇を続けていくのだろうか。足元ではようやく1・5の壁を抜けたところなので、これがまずは1・8前後のグループ入りするかどうかが今後の注目点となる。

保育所整備や両親休暇など、仕事と子育ての両立政策の充実により、子どものいない人が減っていくとすれば、出生率が上向く期待は持てる。ただ、このまま一気には進まないともみることができる。理由は、移民流入効果といっても出身国による差も大きいうえ、まさに移民の数に左右されるということ。また、移民流入効果自体もドイツでの生活が長くなるにつれて減少していくと想定でき、「奇跡」はわずかな期間に限定されうるからだ。

他方、ドイツ人の出生率についてはじわじわと着実に上昇しているものの、女性の働き方についてはまだまだ旧東西ドイツの差が大きく、価値観のせめぎ合いが見て取れる。西ドイツ的価値観（男性は仕事、女性は家庭）が急速に変わるとは考えにくいデータもあった。ただ、急速ではないながらもじわじわと出生率が上昇する実績は確かに表れてきており、よほどの経済停滞でもない限り、ドイツが超低出生国グループから抜け出していくことは大いに可能であろう。

第4章

イギリス・スウェーデン

「少子化」から「子育ての質」へ

コーホートで出生率をみる

本章では、その他の欧州諸国から、イギリスとスウェーデンを取り上げる。イギリスは、少子化の問題意識が比較的高くなさそうな英語圏代表であり、また古くからの階級社会がいまだに残るなかで、子育ての面では「保育の質」の確保への取り組みに特徴がある。スウェーデンは、少子化対策先進国と目されている北欧のなかでも、子育てと仕事の両立支援策について一日の長があり、最近では産業界も一緒に子どもの成長を助けようとする動きが活発なところが注目に値する。

2017年6月時点でのイギリス全体の人口は6604万人で、イングランド及びウェールズ[*1]が88・9%、スコットランド8・2%、北アイルランドが2・8%という内訳だった。全体の人口増加率は0・6%で、2007年との比較では7・7%増加した。39・2万人の増加の内訳は、41%が自然増、59%が社会増だった。移民が減ったこともあって人口増加率は小幅にとどまった。移民が多かったのはルーマニア出身者5万人のほか、中国、インド、

図表 4−1
イギリスの期間合計特殊出生率の推移

出所：イギリス国家統計局資料に基づき筆者作成

フランス、ポーランドだった。[*2]

イギリスの期間合計特殊出生率からみていこう（図表４－１）。１９３８年から２０１７年まで、80年分ものデータを統計局から一括取得することができる。これをみると、第二次世界大戦後と、１９６４年の２・９３をピークとした２つの山があるところが目につく。

１９６０年代後半から70年代までは急減し、その後は変化としては小さく、高かったのが２０１０年の１・９４で、直近の２０１７年は１・７６である。ここ最近は５年連続して減少している。ただ、戦後から一貫して１・５までは下がらず、超低出生率には至らない底堅さがある。

イギリスでは、コーホート合計特殊出生率（以下、コーホート出生率）についても65年間分を一気にみることができる（図表4－2）。コーホート出生率は、第2章で述べたように、女性の世代別に、一生に子どもを何人産んだかという人数を示す。イギリスを例に2つの出生率を見比べてみると、期間合計特殊出生率のでこぼこが大きいことに比べ、コーホート出生率ではなだらかな線を描いていることがはっきり分かる。[*3]

イギリスで期間合計特殊出生率が最高だったのは1964年で、3人に近かった。ところが、1964年に20～40歳だった、1924～44年生まれの女性が生涯に産んだ人数（コーホート出生率）は、2・1～2・4人程度である。つまり1964年には、平均的な年よりも、適齢期の年齢にある女性が集中的に子どもを産んだことから、期間合計特殊出生率では大きな山となったわけだ。

このように、期間合計特殊出生率でみた「上昇・下降」の状況だけでは、出生率の全体像がつかみにくく、コーホート出生率と併せてみることの必要性が確認できる。なお1960年代のイギリスというと、ビートルズやミニスカートなど音楽やファッションを中心に若者文化が盛り上がった頃だ。

現在なら若者が学生生活や遊びを満喫すれば子どもは「先送り」になるところ、この時点では、若者文化が盛り上がりつつも、子どもを産むこともやめなかったらしい。

イギリスでも進む晩産化

次に、コーホート出生率と、30歳未満で産んだ人数を図表4−2で比べてみよう。コーホート出生率は2・5人が2人に減った程度で緩やかなカーブだが、30歳未満で産んだ人数は2人近くあったところから1人へと半分に減っている。

晩産化が進んでいるのはイギリスも同じで、10代・20代・30代では産む子どもの数は減少しているのに対し、40歳以上のみ上昇している。晩産化の背景としてはここでも、女性がより高等教育機関に進学していること、労働参加率が高まっていること、キャリアの重要性が拡大していることに加え、子育てコストの上昇、労働市場の不安定さ、住宅問題の深刻化が挙げられている。[*4] 40歳以上が産む人数が0・161人になったのは、1949年以降最高で

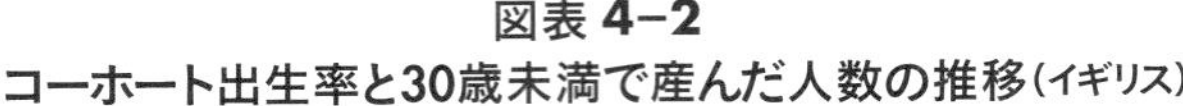

図表 4–2
コーホート出生率と30歳未満で産んだ人数の推移（イギリス）

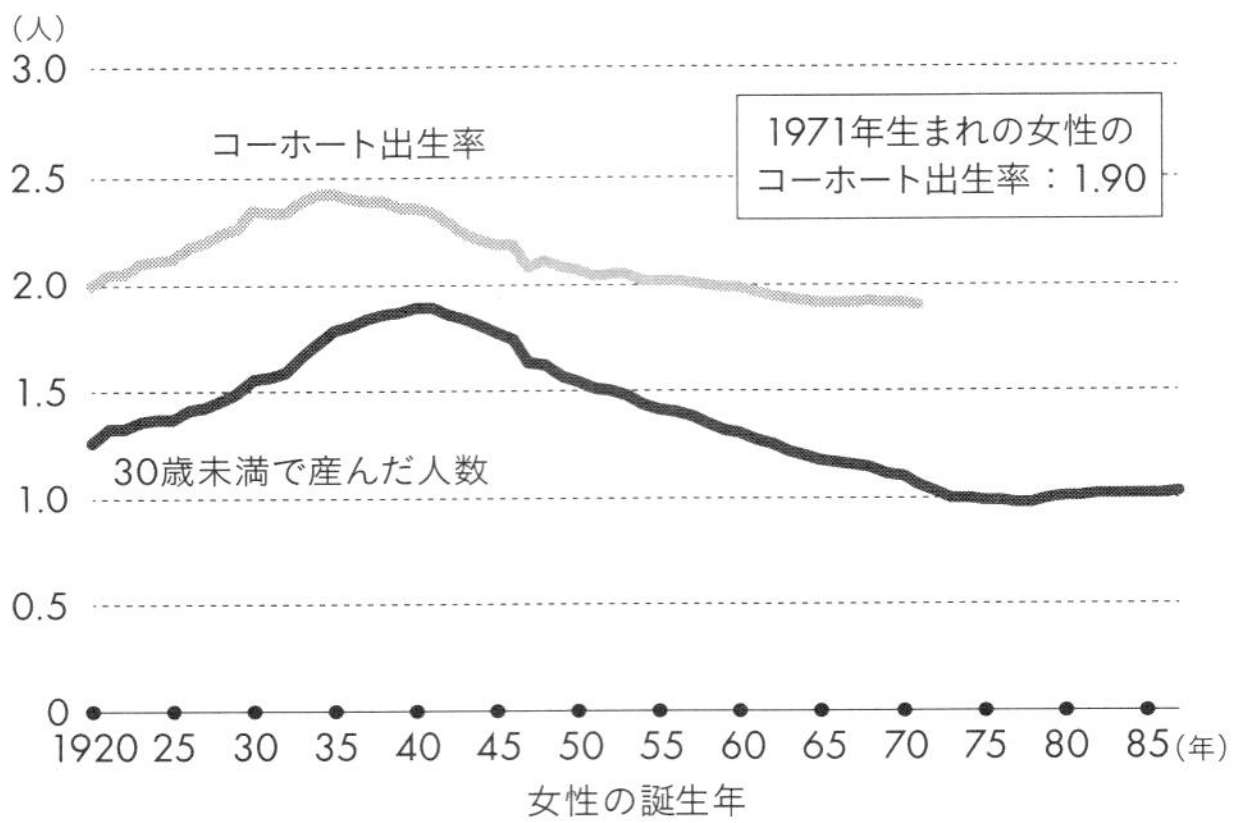

出所：イギリス国家統計局資料に基づき筆者作成

あるという。

１９７２年生まれから１９８７年生まれの世代まで、30歳未満で産んだ人数は１人前後で安定的に推移している。このことからは、１９８７年生まれ頃までについてはコーホート出生率も２人に近い水準に収束することが想像できる。20代に１人、30代に１人産んで２人という計算だ。

さらに若い世代については、20歳・25歳時点での出産数がさらにがくんと落ちており、もう１段階低い水準になる可能性がないとはいえない。イギリスにとっても、産むのを遅らせた女性が後年確実に産むかどうかが、これまで以上に重要な問題になってくるだろう。

ドイツ以上に多い外国生まれの「母」

イギリスは、ドイツ以上に外国人の母生まれの子どもの割合が高い。２０１７年に生まれた67万９１０６人の新生児のうち、28・４％が外国生まれの母親を持つ。ドイツは上昇したといっても23％で、日本は１・７％にすぎない。[*5] 27年前の１９９０年には11・６％だったことと比較すると、「10人に１人」から「10人に３人」に近づく水準で増加している。

もし、外国生まれの母親による出産が出生率を下支えしているとすると、イギリスのEU離脱表明以降、移民が減少傾向にあることは今後の出生率の下振れ要因になるのかもしれない。また、移民といっても、最近では東欧諸国からの移民が多いことも特徴となっており、もともと出生率の低い国々からの移民であることから、今後は出生率上振れ要因とはならない可能性もある。

子育てや成長の機会という観点からは、「社会移動性（ソーシャルモビリティ）」とも呼ばれる、いわゆる階級社会や地域格差の深さも大きな課題と認識されている。子どもの貧困対策については、1999年にトニー・ブレア首相（当時）が「2020年までに子どもの貧困を撲滅する」と宣言して以来日本でも先行事例として知られているが、2018年現在では、子どもの貧困も包含した「社会移動性委員会」が設置されて対策が推進されている。

現在のイギリスが、階級、所得、性別、人種によって分断されている状態にあるという認識のもと、どのような地域や環境に生まれても平等な成長の機会を得るべきだという考えが強調されている。[*6] 子育て支援の文脈でみても、子育て支援策について多くの母親が理解しておらず、その比率が労働者階級（ワーキングクラス）ほど高いことや、労働者階級の母親ほど「ママ友」もおらず孤立している様子がうかがえる。[*7] 福祉施策を充実させても、本当にそれを必要としている人に届いていないという実態なのだ。

4 段階で格付けされるイギリスの保育所

イギリスでも、子育て支援策や仕事との両立支援策は推進されている。特に1997年に労働党政権が成立して以降、進展したといわれている。それまでは保守党政権だったこともあり、育児や介護は女性が担うべきであるという意識や、労使関係については労使の自主的な決定に委ねるべきであるという、どちらかというと伝統的な価値観の方が勝っていた。出生率の面では先進国のなかでは「まあまあ高い」グループにあり、低出生率に直面した危機感という側面は比較的薄い。この点は、フランスやドイツなどと違うところであろう。その後、２０１８年現在は保守党政権になっているが、施策の全体が極端に後退したというようにはみえない。

子育て支援策や仕事との両立支援策については、充実はしているが、特に際立って特徴があるというほどではない。１９９０年代後半から仕事と子育ての両立支援を強化したことによる成果はある程度出ており、例えば0歳児のいる母親の状況でみると、１９９６年から２０１７年までの約20年で、就業率は約45％から69％に、フルタイムも22％から44％に倍増している。

イギリスでも父親の育児休暇は制度化され、取得が推進されている。その取得状況について「ほとんどの人は2週間だけ取るにすぎない」と答えてくれた、２児の母である大学研究者は、「労働時間を調整して週4日大学に勤務し、平日のうち1日は子どものためにあて、自転車やランニングを一緒にしている」と話す。

これだけ聞くと仕事と生活のバランスが取れている充実した状況が想像できるが、「週4日にこだわると、勤務する日は早朝から出て帰宅は20時になる。研究にはもっと本腰を入れたい半面、子どもと過ごす時間を減らす気にもなれず、満足ゆくまで両方やるのは本当に難しい」という。彼女が早出し帰宅も遅い平日の食事は夫が担当するが、朝はシリアル程度でごくごく簡単に済ませるらしい。

育児と家事を別に扱っている様子が分かるが、イギリスではもともと食事を合理的に済ませる傾向が強いことは、仕事と子どもに時間を使いたい女性にとっては好環境なのかもしれない。

なお、イギリスには2006年平等法に基づく平等人権委員会（Equality and Human Rights Commission）という独立機関がある。政府の予算で活動するが、イングランド、スコットランド、ウェールズの各政府に対して独立して、イギリス国内をより公平（フェア）にするという役割を担う。同委員会の最近の調査テーマとして、父親の休暇取得や妊産婦の職場における差別も挙がっており、イギリス国内においてもいまだにこれらが課題となっていることが分かる。

子育て支援の内容よりも、イギリスで特徴的なのは、様々な事柄について点数をつけて指標化したり、評価を明示したりすることだ。先に取り上げた「社会移動性」についても、地域別に点数をつけ、どの地域がより硬直的なのか一覧できるようになっている。

この傾向は貧困関連の分野にとどまらず、非営利活動（例えば環境や社会課題関連のＮＰＯなど）向けの評価や成果指標づくりといったたぐいのことについて、総じてイギリスは好んで取り組む傾向がある。子育て支援の分野においても、保育の質のバラツキが懸念されたことなどにより、保育の基準を統一するために、担当省庁を教育雇用省に集中したり、乳幼児段階の子ども向けの段階別保育基準を制定したりしている。

そうしたわけで、イギリスでは保育所（主にナーサリーと呼ばれる）を見つけたい場合でも、簡単に格付けを活用することができる。イギリス政府には、議会に直結して、教育水準局（Office for Standards in Education, Children's Services and Skills：Ｏｆｓｔｅｄ）という教育機関専門の監査組織がある。Ｏｆｓｔｅｄは主に学校査察を行う機関として知られているが、保育所も監査の対象となっている。

保育所は「Outstanding（優）」「Good（良）」「Satisfactory（可）」「Inadequate（不適）」の4段階で格付けされる。2018年8月時点で、対象となった地域に7万8900の保育所等のサービスがあり、9割以上が「優」か「良」となった。[*8] 保育所等サービスには、保育士（チャイルドマインダー）による小規模保育も含まれている。「優」のつくナーサリーについては、特にロンドンでは入所できるまで2年待ちになることも珍しくはないようだ。

なぜスウェーデンは少子化対策のお手本なのか

北欧諸国、なかでもスウェーデンは、日本での子育て支援や仕事との両立支援に関する調査研究でも、必ずといってよいほどよく取り上げられている少子化対策先進国である。最近の出生率は、2010年に1・98を記録したが、その後はじわじわと下がっており、2017年は1・78となった。[*9] 2000年に1・54だったところから10年で0・44も上昇させたが、また7年連続で下がっている。ただし、直近の減少があっても、EU平均よりは高い位置をキープしており、ことに「減少傾向」を取り上げて報じる向きは少ないようである。

スウェーデンの特徴は、男女の平等が進んでいること、父親の家事・育児の担い方が他国よりも大きいことである。男性による家事・育児が当たり前になっている点で、他国からも「お手本」扱いされている。

また、「子どもにとっての最善の利益」も家族政策の中心的な概念として位置付けられている。日本の内閣府の調査で、スウェーデンに暮らす人の97・９％が自国について「子どもを産み育てやすい国だと思う」と評価しているように、子育て先進国といってよいだろう。[*10]

まず、男性の育児休暇については、１９７４年に育児休業制度（「両親休暇制度」）が導入された当初から男性も対象になった。[*11] これは世界に先駆けた取り組みだった。女性に対してはさらに早く、第二次世界大戦前の１９３７年から産前・産後休暇と「母親給付」が導入されていた。１９３０年代から制度化されたのは、急速な産業化の進展に伴って当時すでに出生率が２・０を割り、１・７まで下がるという状況が、国の危機として受け止められていたからだった。

最初は、「産児制限を禁止すべき」あるいは「人口減少により生活水準が上がるので産児制限は望ましい」という議論で割れていたところ、１９３４年にスウェーデンの経済学者ミュルダール夫妻が『人口問題の危機』という著書を出した。そこでは両極端な議論に架け橋をかけるような、「女性に仕事と家庭の二者択一を迫らない社会とする」[*12]制度改革を求めたという。ミュルダールは王立人口委員会の委員でもあり、著作は北欧全体で翻訳されるなどベストセラーになり、その後のスウェーデンにおける制度設計に影響を与えた。

このような伝統があるスウェーデンでは、１９７４年に制度が導入されて以降も、「なぜ父親の育児休業取得が進まないか」について、経営学やジェンダー論などの観点から活発な議論が進んだ。例えば、父親である従業員が育児休業の取得を望んでも経営者は否定的であるとか、逆に、父親自身が育休取得を望んでいないなどだ。

さらに、それに対して女性が家庭内で意見を十分に出せていないのではないか、あるいは女性が育児休業することを女性の既得権益と考えるのではないかなど、多様な側面から分析・議論が闘わされたといってよいだろう。そして１９９５年に、「父親の月」と呼ばれる１カ月の割当期間が導入された。育児休業期間のうち、１カ月ずつは、父または母がそれぞれしか取れない（もう一方の親に譲渡できない）とするものだ。要は、父親が取らなければ家庭として取りはぐれる休業期間が1カ月もできたというわけだ。

これにより、育児休業を全く取らない男性が減り、1カ月は取る男性が増えた。育児休業の全取得日数に占める男性の割合というデータでみると、1974年には0・5％だったが、2016年には27％となった。[*13] つまり、1人の子どもについて両親が取得する休暇のうち、4分の1以上を父親が担っているのである。この間、母親がどのような就労形態だったのか（時短勤務だったのかフルタイムか、もともとパートタイムだったのかなど）までは分からないが、4分の1というのは相当なインパクトだ。それでも両親が「育児休業期間を平等に分けているのは14％」にとどまると厳しく評価している。[*14]

「父親の月」が導入されてからすでに23年が経ち、当時生まれた子どもたちも出産可能年齢に達している。2014年に実施された企業向けのアンケートによると、採用時に男性の育児休業取得経験が有利になるという回答が44％に上ったなど、育児を男女平等に行うことの価値も広く社会に認められてきたことが想像できる。「父親の月」は2016年には3カ月に延長され、さらに最適化に向けた取り組みが継続している。

子どもと企業が関わる仕組み

次に、スウェーデンの特徴として、「子どもとビジネス」の接点に注目した活動が盛んであることを挙げたい。一見、少子化対策との関係が薄いように思われるかもしれないが、社会を挙げて子どものことを大事に考えている表れだと筆者の眼には映る。

スウェーデンには、世界子どもフォーラム（Global Child Forum）という非営利団体がある。この団体は産業界、政府、研究者、市民社会のリーダーを集めて、子どもの権利についての対話を行うための独立したプラットフォームで、２００９年にスウェーデン王室のイニシアティブによって創設された。

様々な調査研究を行っているが、なかでも独自性があるのは国連児童基金（United Nations Children's Fund：ＵＮＩＣＥＦ）と共同開発した「子どもの人権とビジネス・アトラス」というサイトがあるほか、ビジネスと子どもの接点についての活動を続けていることである。

毎年実施される「世界子どもフォーラム」で活動成果が発表され、例えば世界の大企業がどのような観点で子どもに対する配慮を行っているか（児童労働、製品責任、安全、子どもに対する責任あるマーケティング）や、投資家がどのような視点で子どもの権利を考慮しているかといった調査などが報告されてきた。

2018年度版のレポートでは、企業による取り組みも進展してきたがまだまだ足りないとして、新たに「世界子どもフォーラム誓約」という宣言への署名を促している。誓約の内容は「1．行動規範や方針を通じ、企業内で子どもの権利について推進します」「2．子どもの声を聴きます」「3．専門家とのパートナーを組みます」「4．デューディリジェンス[*15]のプロセスに子どもの権利を統合します」「5．取締役会でも課題を認識します」というもので、誓約済みの企業名もみることができる。[*16]

世界的に活動する人権NGOは数多く存在するが、ビジネスと子どもという切り口で充実した内容を持っている団体はさほど多くはない。スウェーデンにおいては、子どもの基本的人権を国際的に保障するために定められた条約である「児童の権利に関する条約（子どもの権利条約）」を国内法として整備することも済んでおり、そうした土壌もこのような活動を支えていると考えられる（同国内法は２０１８年に議会を通過し、２０２０年1月より有効となる）。

第5章

「選択」される子育て

産むのは「当たり前」ではない

先進国で出生率が下がり、高くても2・0に届かないという少子化する世界について、全世界の傾向とフランス、ドイツ、イギリス、スウェーデンの状況を俯瞰してきた。本章ではまず、子育てという「選択」について視点を整理するとともに、今後、先進国に共通の検討課題になると思われる点を女性、男性、子どもについて考えていきたい。

日本を含めた先進国では、共通して晩産化が進み、その背景として女性の高学歴化や、自分のスキルアップや実績を求める20代の存在が浮かび上がった。多くの女性にとって、「大人になったら親になるのが当たり前」と思って育ったとしても、大人になってみれば、子どもを持つことは人生における自らの選択肢の1つになったといえる。

この選択肢の意味にはいくつかのパターンがある。「なぜ子どもを産むのか」については十人十色、非常に多くの考え方があるため、パターン化させることは気が引けるが、1人目を想定して整理してみると、次のようになる。

●「子どもを産みたい」という土台の気持ちがあり、仕事よりも家庭で人生の基盤を築くことを優先させたいという場合。このケースでは、子育て中に仕事を辞めたりスケールダウンさせたりするなどの手法も浸透しているため、パートナーと合意できれば比較的実現しやすい。

●「子どもを産みたい」という土台の気持ちはゆるぎなくあるが、仕事や余暇なども充実させたいという場合。このケースでは、仕事や余暇が子育てによって犠牲にならない、または互いにプラスになるという安心感が生まれれば、妊娠に積極的な姿勢に変化できる。

●次に、土台の気持ちはあっても、仕事に追われてしまっている、パートナーとの合意が得られないなどの事情や、自分にはまだ早いといった感覚で、選択肢として浮かんでこない場合。本人もパートナーも仕事上の余裕ができるなどして、家族形成や子育ての方に関心が向けば変化できる。

●子どもを産みたいかどうかの自分の気持ち以前に、社会的・宗教的な規範やプレッシャーが弱まったことで、「産まねばならない」という義務感も弱まり、内発的な選択肢として浮かんでこない場合。産みたいという土台を育てられるかどうかによって、考え方が変化する。

●土台の気持ちを感じたことがない場合。そもそも土台がないので選択肢として浮かんでこない。産みたいという土台を育てられるかどうかによって、考え方が変化する。

子孫を残すということは動物でも植物でも、ごく当たり前の「一生におけるＴｏ Ｄｏリスト」トップに入ると思われるが、子どもを産んで育てようかどうか迷うところも、人間の特徴なのかもしれない。食欲や睡眠欲、性欲、学習欲と同じように、生殖欲あるいは、子孫を残したいといった欲があるが、それには人によって深浅がある。少子化する世界という現象は、子孫を残したい欲に深浅があり、他の欲求との競合関係にあるという事実を私たちに見せているのかもしれない。

避妊や離婚の自由が担保され女性の自立が進んだ１９７０年代、フランスでは「わたしは産みたいときに産む」というフレーズが流行（はや）ったという。このように、「わたし」の意思が主役になる時代が来たことの背景としては、女性と人権について触れるべきだが、女子差別撤廃条約が１９７９年の国連総会で採択され１９８１年に発効、日本は１９８５年に締結と、現在の子育て世代が生まれる前後にすぎない近過去だったことだけを確認しておく。

「豊かさ」が後押しした女性の自立

古今東西、大小を問わず国が人口増加に努めたのは、他国との争いにおいて人手を必要としたからである。フランスの19世紀以降の人口・家族政策の起源や、第二次世界大戦後東西ドイツの歩みの違いだけをみても、戦争がどんなに一国の政策の優先順位を決めてしまうかが分かる。

農業だけをしている場合、生産できる食べ物に比べて人が増えすぎると困るので、異常気象などで思うように生産ができないと「口減らし」が必要になることもあった。人口は単に多ければいいということもなかった。兵士という仕事は基本的に生産をしないので、一定以上の規模の軍隊を常時保有するためには、その人数を食べさせるだけの豊かさが必要となる。

工業化は、豊かさを提供するとともに、戦いに使える技術開発にも貢献した。日本も150年前に明治時代になって、富国強兵というスローガンのもと、それまでなら農家の働き手にすぎなかった次男・三男坊も都会の工場や、軍隊という新たな職場を得ていった。また、家族の単位でみると、兵隊に取られるということはいつ死んでしまうかも分からないところに家族を出すということになるから、「子孫を残す」という単純な行動様式のもと、子どもは多い方が安心だったことだろう。

それが、第二次世界大戦の結果、もうこれ以上破壊的な戦争をしたら人間そのものが滅びてしまうという現実的な危機感が世界に共通のものとなった。もちろん第二次世界大戦後も、現在に至るまで世界中で戦争や武力紛争が起こっている。その詳細にも本書では立ち入れないが、大きくいえば、戦争で領土を獲得して成長するよりも平和な状態を保ってビジネスで儲けていく方がいい、という判断が先進国、新興国、途上国問わず多くのリーダーに共通の認識になったといってよいだろう。そして、産業界においては工業化を経て、流通やサービス業が発展していく。

これが女性の自立にもつながったのではないだろうか。女性が自立するためには、避妊や離婚とともに経済的に自立できる手段、つまり仕事が必要だ。世界が豊かになって発展した流通やサービス業は、女性にとっては取り組みやすい。全世界でみると、女性の約57%がサービス業、27%が農業、15%が製造業に従事している。[*1]

サービス業の割合はEUでは約85%、日本では82%に上る。職業別に従業員の性別をみると、教員に占める女性の割合はフランス、ドイツ、イギリスでは60%を超え、スウェーデンやフィンランドでは70%を超している。教育・福祉や非営利のセクターで、女性が多く働いている傾向にある。

また、特に近年では働き方そのものの多様化が進んだことも、選択肢が増えたという意味で女性の仕事選びをしやすくした。きっかけが企業による人件費抑制（流動化）のための非正規従業員というステータスだったとしても、最近では「やむなく非正規」だけではなく「自由だから非正規」を選んでいる人が増加している。

宗教は出産に影響を与えるのか

第2章で聖書の記述について触れたが、宗教（信仰）を重視する人が減るのも先進国に共通の傾向である。時期はともかくとして、伝統的な規範の衰退の象徴といえよう。

米国の調査機関によると、[*2] 2010～15年時点ではキリスト教徒の母から生まれる赤ちゃんの方が、イスラム教徒の母から生まれる赤ちゃんよりも多い。これが2030～35年にはほぼ同人数になり、以後、イスラム教徒の母生まれの方が多くなっていくと発表されている。欧州の少子化の状況からすると、「いまだにキリスト教の方が多い？」と驚きたくなるが、これはアフリカのサハラ砂漠以南のキリスト教人口が寄与しているためで、欧州でみると死亡数の方が出生数よりも多いということだ。

また、この調査では無宗教の人口についても述べている。世界の人口の約16％が無宗教だが、2010～15年に生まれた赤ちゃんの母でみると10％にすぎない。無宗教の人口は2060年には約13％にシェアを落とすと推計されている。

これは、欧州や北米、アジアを中心に大人になって無宗教に転じる人は増えていっても、その人たちは子どもを産まないことが多くなるため、人口のシェアとしてみると減少するという前提に基づいている。そして、現時点ですでに、高齢化していて低出生率の国と、無宗教人口の多い国は一致している（中国、日本、欧州、北米）。

同調査では、世界の宗教人口のシェアの変動要因として年齢構成や出生率をみているため、「宗教〝的〟だから子どもが多い」という因果関係を導けないことには留意すべきだ。そのうえで、同じキリスト教でも、全世界平均の出生率が２・６なのに対し欧州では１・６しかなく、それは無宗教の１・５とほぼ同じ水準になっているというデータをみると、宗教との付き合い方が個人の人生の選択に及ぼす影響があるだろうことが予想できる。

こうしたことから、女性の「わたしの意思」が主役になって子どもを産むことが仕事やその他の人生の選択肢と同列になったことと、宗教の影響力の衰退とは表裏一体であると考えたい。基本的に、キリスト教でもイスラム教でも、中絶や避妊はネガティブに評価し、多産を是としていたとみてよいため、その影響力が弱まると、多産という選択肢が減っていくのではないか。[*3]

女性の「就業」と出生率は関係ない

かつて、女性が仕事を持ち続けた場合には、子育てとの両立の困難さから出生率が下がるという神話があった。女性が人生の選択肢として仕事も子どもも位置付けるようになったからこそ、両立か否かが論点となった。他方、仕事を持ち続けた方がむしろ出生率が高いのではないかという逆相関を指摘する見方もあった。

最近では、先進国においては「どちらかが上がれば（または下がれば）、他方も上がる」ということではない、すなわち「どちらともいえない」という結論に落ち着いている。国によって経済・社会の歴史や制度が異なるなかで一概に比べるよりも、国ごとに両者の関係をしっかり分析すべきだという、落ち着いた議論になっているといえるだろう。

この点については、内閣府男女共同参画局の「少子化と男女共同参画に関する専門調査会」による「少子化と男女共同参画に関する社会環境の国際比較報告書（２００５年）」にもすでに盛り込まれている。[*4] 図表５－１のように、１９７０年には右下がりだった線グラフ

図表 5−1
OECD加盟24カ国における女性労働力率と合計特殊出生率

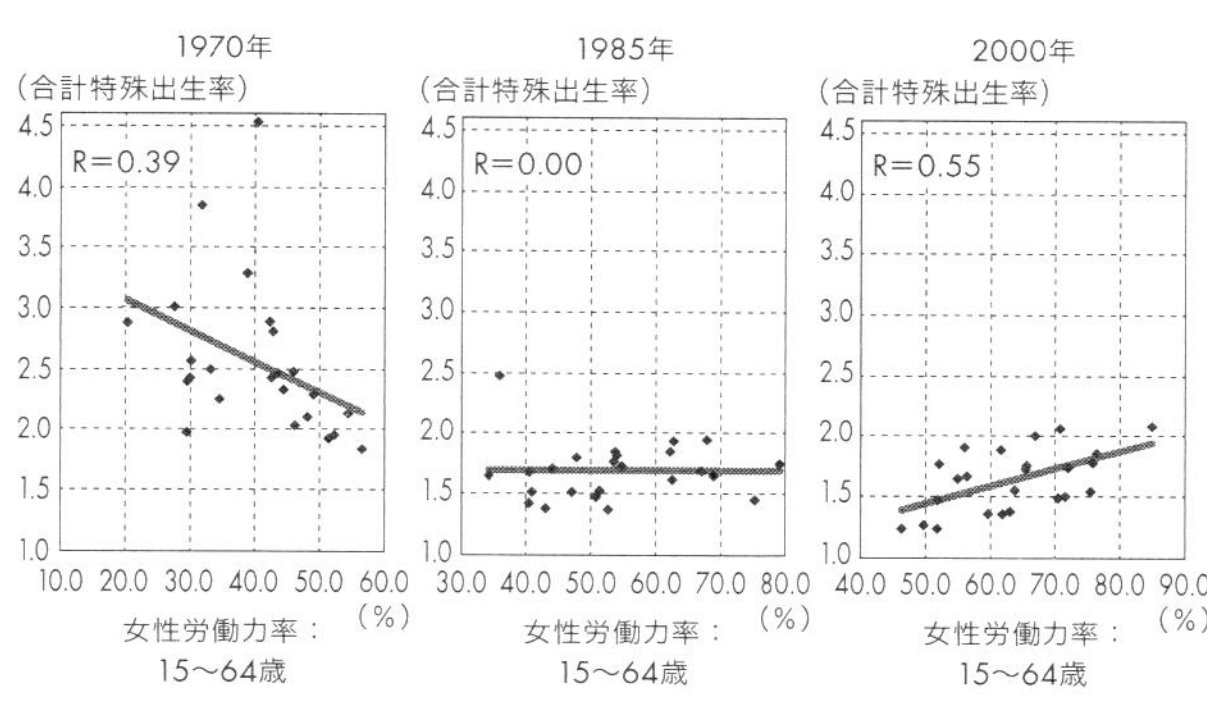

出所：内閣府「少子化と男女共同参画に関する社会環境の国際比較報告書」[2005]

が、1985年にはフラットになり、2000年にはやや右上がりになっている。このグラフは2000年で終わっているが、最近のデータでも「どちらともいえない」という評価がなされている。

ここで関係性分析の対象になっているのは、出生率のなかでも期間合計特殊出生率（毎年のその国としての数字）の方だが、コーホート合計特殊出生率（ある世代としてのその国の数字）とその世代の女性の就業状況を比較してみることも考えられるだろう。

1人の女性の一生で考えれば、大学を出ていったんは仕事を優先して晩産になっても、若いうちに産んでおいて早めに仕事に復帰しても、最終的に2人産むのならコーホート合計特殊出生率の場合は同じ2・0になる。単年の数字だけをみて「就業率が上がって合計特殊出生率が下がったから、保育所をもっと増やそう」という行動に政府が出るのであれば、特に出産を先送りした人にとっては朗報かもしれない。

しかし、先に産んでおこうとした人が「損をした」と思うような状態ではおかしい。逆も同じである。つまり、どのような道をたどっても、子どもを欲しいと思う人が最終的に子どもを産んで育てることができ、結果的に国の人口も急に減りすぎずに済むというのが、理想の形だ。通る道に関係なく産みたい気持ちをキープでき、どんな道でもきちんと産めると分かっていれば、安心である。

女性が仕事を持っているかどうかと出生率との関係性について、負の関係でもなく正の関係でもなく、中立という時代になったからこそ挙がってくる論点もある。「どのような道をたどっても」の道のりが、それなりに平坦で歩きやすくみえるのか、でこぼこだらけでどこかに落とし穴さえあるかもしれないようにみえるのか。今後の検討課題と思われる点を4点、挙げておきたい。

晩産化は挽回できるのか

1つ目の課題は、晩産化の挽回だ。フランスについては、これまでは少なくとも晩産化しても最終的には2人の子どもを持つのが平均的という状況をみてきたとおり、ある程度「挽回してきた」実績がある。しかし今後を考えると、本当に挽回し続けられるのか？

子どものいない状態がなぜ起こるのか、その背景についての学術的な研究は様々な観点が示されている（文化的、経済的、あるいはジェンダー論的な切り口など）ものの、何か1つの理論によってあらゆる国や地域の事情を説明できるというものではない。[*5]

しかし出生率の計算をしてみれば分かるように、「ゼロ」の人が5人に1人なのか10人に1人なのかは、子どもを産む人が何人ずつ産めば出生率が上昇するのかに大きく影響する。そこで、特に出産を遅らせている20代が、今後どのような行動を取りうるのかについて、欧州諸国でも研究が進むものと想像できる。

子どもを産まない今日的な理由としては、以下が考えられる。

●子どものいない生活を積極的に選びたい：よりハイレベルの教育を修めたい、仕事上の地位を確立したい、消費や余暇を充実させたい、子どもの登場によって起こりうる不安定で無秩序な生活になるのを避けたい、子育てという日常業務にわずらわされることなくパートナーとの生活を充実させたいなどの理由で、自ら「子どもなし」の人生を選ぶ場合。「チャイルドフリー」という言葉があてはまる。「子どもなし」に比較的満足できている。

●決断できない、ためらい、迷い：子どもを産むための最適条件を考える間に（例えば自分の職業の安定や、パートナーとの合意など）、徐々に子どものいない生活そのものに慣れてしまい、子どもを産もうという関心を失ってしまったり、そうしているうちに妊娠しにくいなどの新たな課題が生じてしまったりする場合。最初のうちは子どものいない生活を積極的に選んでいたかもしれないが、最終的には望まずにそうなってしまう（非自発的な）「子どもなし」。

フランスの例では、今のところ出産を先送りしていた層が戻ってくる姿を描けている。ただ、若年層の失業や不安定な就労という課題が解決できていない現状からは、「自分のことで精いっぱいで、子どもを作ることまで考えられない」という感覚が長引く可能性がある。

失業や伸びない賃金は親元から離れられない状況を生み、さらに子育てよりも先に介護の優先順位がやってくることも往々にして考えられる。ドイツ以上に低出生率に悩むイタリアでは、実家を離れられない30代の増加が問題になっている。ワーキングプアや高学歴プアといった社会課題と出生率はリンクしている。

晩産化を挽回するといっても、初産が遅くなりすぎると挽回猶予期間が短くなってしまう。フランスの「生物時計」に関する情報発信や性教育における取り上げは、特に「決断できない、ためらい、迷い」の結果の子どもゼロ状態を防ぐ目的で、「産めるときに産む」ための知識の普及を目指しているものといえる。「決断できない、ためらい、迷い」への後押しに加え、今後はさらに晩産化を前提とした施策が必要になるだろう。

施策というほどでなくとも、晩産化に伴い言葉の表現を見直すこともありうる。「高齢出産」とよく言われるが、日本産科婦人科学会の定義があるのは、35歳以上の初めての妊娠である「高齢〝初産〟[*6]」だけだ。つまり1人目が35歳以上のケースで、2人目以降ではない。

日本の平均初産年齢は2015年時点で30歳だった[*7]。2000年には28歳だったので、15年で2歳も遅くなっており、この速さも世界有数だ。高齢初産の定義も実は晩産化に合わせて変化しており、1993年より前は「30歳以上」が該当していたのだが、今後は「高齢」という表現自体も見直す時期が来るのかもしれない。加齢に伴う妊娠・出産のリスクについて医学的見地から注意を喚起するのは非常に重要なことだが、「35歳を過ぎて高齢だからもうダメだ」と思う必要はない。

「産む」ためのハードルを下げる

2つ目の課題は、女性が選ぶ仕事によって、まだまだ「産みやすさ」が違うということだ。フランスやドイツでは、これからさらに多くの女性が「まず教育課程を修了してしっかりと経済的に自立できる自信をつけよう、それからパートナーと子どものことを考えても大丈夫」とする可能性が高い。

そうなると、「どのような手段で経済的に自立するのか」、すなわち仕事の内容が重要なテーマになってくる。特にジェンダー平等や女性活躍の観点からみると、欧州でも、教育の平等は進んでいるのに経済や政治の領域で男女の差が大きいという現実がある。

高い教育を受けてもそれが収入に反映されておらず、学士号を持つ大卒者の58％が女性であるにもかかわらず、労働市場での優位につながっていないという分析もある。[*8] 経済や政治という「仕事」の中身においては、男女の性的役割分担意識がまだ強いということである。

性的役割分担については、初等から中等、高等へと教育の段階を経るにつれ、徐々に行動や認識に男女差が出てくる。結果として女性は、数学や技術、情報の分野で十分学べておらず、仮に学んでいたとしても自分の強みを過小評価するという傾向がある（女性が自分を過小評価するのはこれに限ったことではない）。

専攻や仕事の分野でみられる男女差は、工学、製造、建設で男性が多く、教育、健康・福祉、非営利で女性が多いというのが世界的な共通項だ。[*9] 女性の社会進出が進む北欧でも、教育や福祉など、家庭生活により近い分野で女性が多いという。

こうしたギャップについては埋めていこうという方向性であり、「リケジョ」という言葉もあるように人材育成も進んできてはいる。女性の少ない業種では、むしろ今後の活躍の伸びしろはたくさんあるわけで、若手の人手不足の折から、男性だけではなく女性を積極的に採用する意欲も高い。しかし、スキルを身につけたとしても活躍できる機会に十分恵まれるかは別。さらに、子育てをしたくなったときに両立できる環境であるかも別だ。

企業内に保育所を作るなどして、仕事に合わせた子育て環境を用意しようとする動きは、様々な業種に広がっている。しかし、例えば情報通信技術（ＩＣＴ）を専攻した30代以上の女性で、ＩＴ関連会社に残ろうとする女性は20％にすぎないという調査もある。[*10] 男性が中心で、競争を好む業界特性が女性にはなじみにくいなどの課題が理由とされている。

どんな道をたどっても子どもを欲しい人が産めるようにするには、子育てによって「やりたい仕事をあきらめないといけない」と思ってしまう風潮はよくない。もちろん、子育てにも仕事にもタイミングはあるが、仕事でのチャンスのタイミングの方が、何度でもやってくることは間違いないだろう。人生１００年といわれているが、生殖可能年齢はたいして変わらず、生殖可能年齢を過ぎてからだけが長くなることに注意して、仮に仕事を変えるとしても、「あきらめた」と考えないマインドセットは女性にも必要だ。

かつて米国のオバマ政権で国務省政策企画本部長まで務めたアン・マリー・スローター氏が、「Why Women Still Can't Have It All」（なぜ女性はすべてを手に入れられないか）と題したエッセイや『仕事と家庭は両立できない？』（2017年、エヌティティ出版）を発表したが、望んでいたものすべてを同時に手に入れるのは、結局難しい。キャリアと子育てに関する「でこぼこ道の研究」も、今後の人材育成論で重要になることを期待したい。

海外でも、すべての仕事で子育てとの両立を実現するのはまだまだ手探りの状態だ。どんな仕事を選んでも子どもを産むハードルを下げるという視点が、今後各国でさらに必要になるだろう。

なぜ男性は子どもを欲しがらないのか

3つ目の課題は、男性も子どもを欲しくなるようにするための方策だ。

主に女性の視点から子育てを選ぶのかどうかを考えてきたが、子育ては男性にとっての選択でもある。男性が子どもを欲しいと考えるかどうかについては、各国で女性をやや下回るという傾向が出ている。なぜ欲しいと思わないのか、あるいは先送りにするのか、男性の考えについても今以上に分析していくべきではないだろうか。

例えば、経済面に関していえば、女性以上に、自分の仕事への不安や経済的負担からの躊躇が大きいように考えられる。特に、子どもを持つことについて最も考えるべき20代、30代についてみれば、欧州では失業率が高止まりしているし、日本も含めて、若い世代で非正規雇用が増えたなどの理由で所得が増えないという実態がある。

労働環境の理想形として「ディーセント・ワーク」という言葉があり、「働きがいのある人間らしい仕事」と訳されている。国際労働機関（International Labour Organization：ＩＬＯ）の駐日事務所では、「ディーセント・ワークとは、権利が保障され、十分な収入を生み出し、適切な社会的保護が与えられる生産的な仕事を意味します。それはまた、全ての人が収入を得るのに十分な仕事があることです」[*11]と説明している。「十分な収入」と聞いてもどういうことなのか想像しにくいが、定性的な条件としては「子どもを育ててみよう」と思える水準かどうかも1つの目安になるのかもしれない。

子育てにかかる経済的負担として最も分かりやすいのは教育費である。教育費に占める公的支出の割合と、出生率（期間合計特殊出生率）を国ごとに比較してみても、教育費を政府が多く負担している国で出生率が高いという傾向がある（第７章で触れる）。

次に男性の役割について考えてみると、社会主義国家であろうとなかろうと、夫婦共働きが普通になった現代、若い男性は仕事での活躍に加え、家事分担や「イクメン」であることも求められている。しかし、社会人としての先輩世代からは、「家庭のことは妻に任せきりだった、感謝している」で終わる仕事人生が成功体験としていまだ語られる時代でもある。若い男性にとっても、ロールモデルの不在（不足）が課題として認識されるべきではないか。

最後に、子育ての必要性を社会全体で男女両方に教えていく仕組みについても、今後さらに重要性が増すだろう。一人っ子として育つだけではなく、いとこも非常に少ない子どもが増えている。ある女子中学生が「将来、仕事を持って働き続けている自分は想像できるけれど、赤ちゃんを産んで育ててお母さんになるというイメージはしにくい」と話してくれたのが印象に残っているが、それ以上に男子はだいじょうぶだろうか？　ということも同時に心配したい。

母乳で育児をしないフランス人

4つ目の課題は、保育の「質」への問いかけの重要性だ。

共働きが普通になり、女性がより幅広い職種や高い地位で働くようになっていくことや、さらに家族の形態の多様化、新たな形態の増加が子どもにどのような影響を及ぼすかにも関心が移る。2017年に発行されたユニセフ・イノチェンティ研究所は、先進国の子どもの状況を定期的に調査している。2017年に発行された同研究所の報告書「レポートカード14[*12]」では、母乳育児の状況、子どもの精神保健の状況、乳幼児の教育・ケアの質に関する情報、いじめに対するケアの情報が取り上げられている。

例えば、世界保健機関（World Health Organization：WHO）とUNICEFは、生後6カ月間の母乳のみによる完全母乳育児を推奨している。これに対し、生後6カ月時点の母乳育児率（完全母乳とはまた異なる）は、フランスで23％、ドイツで50％、日本では63％だった（調査対象年は国によって異なるが2009～13年）。

母乳育児をしたことのある母親の割合は、フランスとアイルランドのみ75％を下回っていた。出生率との関係について何らかの推定ができるものではないし、母乳育児と人工栄養のどちらがやりやすいと考えるかは人によるが、出生率の高い国で推奨されている母乳育児の普及程度が低く、出生率の低い国で母乳育児が相対的に普及している点は興味深い。

乳幼児の教育・ケアの質について、ＵＮＩＣＥＦは、単に保育所等のサービスにアクセスできるだけでは不十分で、質が重要であるとする。また、「質」と言ったときに、読み書きなど学校で学ぶことのような成果をみてしまうことへの警鐘も鳴らす。

乳幼児期には、遊びを通じた学び（自己を統制する力や周りに注意する力）により重点を置くべきだという主張もなされている。3～5歳の子どもに対して質の高い就学前教育・ケアを与えることができれば、その子が成長したときの教育、健康、就労におけるよい影響や、犯罪行為の減少といった負の影響の排除が期待できる。そのため、特に恵まれない環境にいる子どもたちにとってプラスの影響を大きく期待できる。

ＵＮＩＣＥＦ以外には、イギリスの非営利団体「子どもの社会（The Children's Society）」による「国際児童福祉調査」や研究者のネットワークによる「ＨＢＳＣスタディ（Health

Behaviour in School-aged Children)」といった調査、あるいは子どもの発達を取り扱う大学や研究機関も多様にあるのだろうが、子どもの幸福に両親の働き方がどのように影響するのかについて、包括的な内容の研究は見つけきれなかった。

米国の元大統領夫人であり元国務長官のヒラリー・クリントン氏は、「子どもを育てるには、村じゅうみんなの力が必要だ」というアフリカのことわざを信念にしていたという。両親に限らず、村の大人がすべて親代わりとなって、村じゅうみんなで子育てをするという意味だ。

先進国的な保育所などの量と質の充実が「正答」になるのか、それは誰にも分からないが、いずれにしても人生の最初の数年間がその後に与える影響は甚大である。少子化を心配するならば、生まれてきた子どもへの少子化対策の影響についても、よく吟味しておくべきであろう。

第6章

日本の誤解と失敗

「私も欲しい」が増やす新生児の数

フランスとドイツの状況を比べると、上昇し始めたといってもまだ1・5周辺の出生率にあるドイツが、日本と近いところにいる。フランスの人口学者、エマニュエル・トッド氏によると、家族に対する考え方は国ごとに異なる。ドイツと日本は父親的な権威主義が強いことから、女性が仕事と子育てを両立させるのが難しく、なかなか突破口を見出しにくいと指摘する。[*1]

ドイツの女性管理職比率は、欧州平均こそ下回っているが日本に比べるとはるかに高い29・3%であることから、仕事で出世をしたい女性にとって日本よりも活躍しやすいものの、子どもを持ちにくかった（または持とうと思わなかった）というのがこれまでの傾向だったといえよう。先に取り上げた、ドイツでは公務員の女性ほど子どものいない率が高いということと、公務員は女性が活躍しやすい仕事の代表格であることには、つながりがあると想像できる。

少子化脱却の突破口を見出しにくいとはいうものの、ドイツ人女性の出生率の上昇の継続は、少なくとも政策の方向性が間違っていないことを示す。そこに、移民の影響により、新生児の絶対数も5年連続で増えた。赤ちゃんが街じゅうにたくさんいるのを見ると、「子どもは欲しくない」「まだいらない」と考えていた女性も、「私も欲しい」と思うこともあるのではないだろうか。

他人の持っているものを見れば欲しくなる、というとまるで子どもを流行のモノのようにみているとお叱りを受けるかもしれないが、労力もお金もかかる子育てである。ましてや、仕事という選択肢もある。そんな社会で「子どもが増えているのを見る」ことには、心を揺さぶるようなパンチ力があるような気がしてならない。

移民については、日本では外国人労働者の受け入れを増やそうという方向にはあるものの、あくまでも「外国人労働者」なのであって移民ではない。最近では日本で暮らす外国人は増えている。2018年1月1日時点では[*2]249・7万人で過去最多を更新し、なかでも20代は74・8万人と最も多い。30代は54万人なので、20代・30代でちょうど外国人の半分を占めている。外国人比率は全体では約2％だが、地域によっては20％を超えるところもある。

世代別の外国人比率でみても、20代は5・8％を占め、東京では20代の約1割が外国人だ。若い世代が多いのは、留学生や技能実習生として日本に来る人が多いためである。ではこのまま、日本で家族をつくって暮らし続けてもらえば人口はプラスになるし、若い世代が多いならばドイツやイギリス同様、赤ちゃんも増えていいではないか、と考えることも可能だ。

しかし、外国人を呼び込むといっても労働力の代替・補完にとどまるのが現状であり、日本に定着して家族を持ち子どもも育てるといった「移民キャリアパス」は依然として非常にハードルが高い。このことから、ドイツをはじめ、移民という若年層人口プラスその子どもたちによって人口や出生率をキープしている国々と比較すると、日本は「パンチ力もない」と自己分析すべきであろう。

本質的な議論を避け続ける日本

フランスとドイツの少子化対策では、国の方針、つまり、リーダーの問題意識と対策に向けた行動開始のタイミングが大きく違うことが分かった。19世紀から一貫して少子化の危機感を持って対策を打ち続け、新たな家族形態も創造したフランスと、戦争という負の遺産から60年間も少子化対策を封印していたドイツ。とはいえ、ドイツもいまや明確な方針を掲げているといってよいだろう。保育所に1歳から全員入れる「権利」を認めることなど、旧来の価値観を壊そうという意思が明確である。

日本では、2018年の内閣改造後の所信表明において「少子高齢化対策に経済政策の軸足を置く考え」[*3]が示され、少子高齢化を「我が国最大のピンチ」と呼んだ。しかし、はたして本当に子どもを産んでほしい世代の方を向いた宣言になっているのかどうかは疑わしい。経済政策という大きな「土台」の上に、少子高齢化対策という「実務」を置いて、教育無償化や外国人労働者の受け入れ拡大、65歳以上の社会保障改革を並べているように映る。

もう少しさかのぼって2016年6月に閣議決定された「ニッポン一億総活躍プラン」を振り返ってみたい。「本プランは、我が国の経済成長の隘路の根本にある少子高齢化の問題に真正面から取り組むもの」と自らを評価している。[*4] 隘路とは「物事を進める妨げとなる困難な問題」という説明がついている。

少子高齢化のせいで経済が成長しないと言っているようだが、第1章でも述べたように子どもの数が減らなくても高齢化はするし、平均寿命の延びは本来、幸福度にもプラスだったはずである。

少子化についても、出生率が2・0付近まで下がる範囲ならば、女性及び家族の自由な選択が通る社会になったことの証しでもあった。問題は、男女の不平等は解消されず（ジェンダー・ギャップ指数114位）、幸福度も低い（世界幸福度報告書で54位）ところにあるのではないか。

「産めよ、増やせよ、働けよ」

女性活躍も働き方改革も、一億総活躍も、経済成長のためのツールになってしまったのがここまでの状況といっても言い過ぎではないだろう。「産めよ、増やせよ、働けよ」と言われている感じがするのでまじめに考える気にもならないという女性の声は、国会議員に占める女性の割合が低いから届かないのか、女性も含めて国政や意思決定に関わる層の関心事から根本的にはずれているからなのか。

女性活躍推進の文脈でいうと、政府は、一度立てた数値目標をあっという間に下方修正したこともある。２００３年に男女共同参画推進本部が表現した「指導的地位に占める女性の割合を、２０２０年までに少なくとも30％程度となるように期待する」という数値目標を、２０１２年に安倍政権は政権公約とした。

しかし、２０１５年に策定された「第４次男女共同参画基本計画」では、２０２０年に30％という数字については「しっかり共有されること」が大事と書きながら実質的に取り下げられ、成果目標としては、公務員、消防、警察などの採用者、民間企業など、職階別に全部で30もの細目に分けて、現状に即した目標が個別に掲げられた。

なかにはすでに30％を超しているのに「毎年30％以上」とした公務員の採用試験の採用者の割合といった、数の水増しのような項目も含まれている。計画策定時点の実績が30％を下回っており2020年に30％を目指そうというのは、国家公務員の係長相当職、都道府県の係長相当職、市町村の課長補佐相当職、国の審議会等専門委員等、市町村の審議会等委員の5種類のみである。30もの細目のうち、25は「ひよった」目標であるとしか言わざるを得ない。

「働き方改革」がかき消した「女性活躍」

その後、女性活躍よりも働き方改革に世の中の関心は移った。働き方改革でも、専業主婦の再就職や非正規従業員との格差是正の文脈で女性のことは意識されているし、子育てや介護と仕事の両立についても取り上げられている。働き方改革が日本にとって非常に大切なテーマであることに、異論の余地はない。

ただし働き方改革の政策テーマのなかにない切り口は、女性管理職比率に代表される、意思決定の場に女性をより登用することである。非常に冷めた見方をすれば、女性管理職の議論が「スイッチオフ」された「働き方改革」ならば、今までどおりのやり方で意思決定をすればよいから、進めやすいのではないか？

そんな状態であるため、日本政府の女性活躍推進に対する国際社会からの評価は厳しい。例えば、「SDG Index and Dashboards」という報告書（世界各国の持続可能な開発目標の達成状況を評価している）によると、日本が3年連続して「ダメ」と評価されているのが「目標5：ジェンダー平等を実現しよう」であり、理由としては国政における女性議員の比率が低いことや、ジェンダー間の賃金格差が大きいことが指摘されている。[*5]

このままの状態が放置されれば、日本は結局、優秀な成績を修めても女性だからという理由で試験に落とされる国にすぎなかったことになる。北欧に生まれたかったと思ってしまう瞬間である。

「感覚値」を数値が可視化する

ここで、まず提案したいのは、少子化に関するデータの見える化と、それの意味することに関する徹底的な分析と活用である。

もちろん、本書でもたびたび参照するように日本には国立社会保障・人口問題研究所がある。研究所のホームページに行けば、人口に関する様々な調査結果がまとめられている。なかでも出生動向については、5年ごとに行われる「出生動向基本調査」によって、結婚や子どもに関する意思や実際の状況などについて把握することができる。また、「人口統計資料集」も毎年度更新されており、およそ人口に関して知りたくなる情報は網羅されている。

これらを読めば分かるといえば分かるのだが、調査の目的が関連政策立案のための基礎資料づくりという位置付けであるため、例えば出生についても、動向変化の要因分析や何らかの改善策がセットで提示されているわけではない。同研究所の研究員によるレポートなども単発的には発表されるが、調査本体と関連しているわけではないため、何かを知りたいときには積極的に探しにいかないと見つけにくい。

フランスの国立人口学研究所（Ｉｎｅｄ）のように人口に関する知識や情報の普及・啓発を重要なミッションとしているわけではないから、仕方がない。こうした本来価値のある情報やその意味するところがもっと見つけやすく、分かりやすくなっていることは重要だと思われる。

そうすれば、第3章で取り上げた、ドイツで「第四次産業革命（インダストリー4・0）」という産業政策と対になって「労働4・0」の議論が展開されたように、専門家から一般市民まで意見を出し合ってみることは不可能ではないはずだ。

「見せる」化の対象としたいデータは、「コーホート合計特殊出生率」「子どものいない人の数と率」「パリティ（出産経験）拡大率」の3つである。

現在、年に1回は目にする「出生率」が意味するのは期間合計特殊出生率だが、コーホート合計特殊出生率（以下、コーホート出生率）にもっと注目した方がよい。第2章でも取り上げたが、コーホート出生率とは、同じ年に生まれた女性が一生に産んだ子どもの平均人数を意味するからだ。それにより、短期的な要因を取り除いた傾向をつかむことができる。

コーホート出生率でみえてくる日本の誤解

コーホート出生率を、毎年まとまった人数の女性を採用する企業で想像してみると身近になる。「○年入社では、子どもを産んで復帰してきている人が多いよね」といったことであれば、すでに感覚値を持っている企業もあるだろう。

国際比較の使い方としては、例えば「あなたと同じ年齢で、フランスでは2人、ドイツでは1・5人、すでに産み終わっているらしいよ」と言われる方が、「2017年の値がフランスと日本で0・4人も違う」と言われるよりも実感がこもり、個人に訴えかけることができるはずだ。

日本におけるコーホート出生率の推移をグラフにすると図表6－1のようになった。1965年生まれまでについては49歳までのデータがそろっており、1970年、1975年生まれはまだ産み終わったとはみなされていない。

図表 6–1
コーホート出生率の推移（日本）

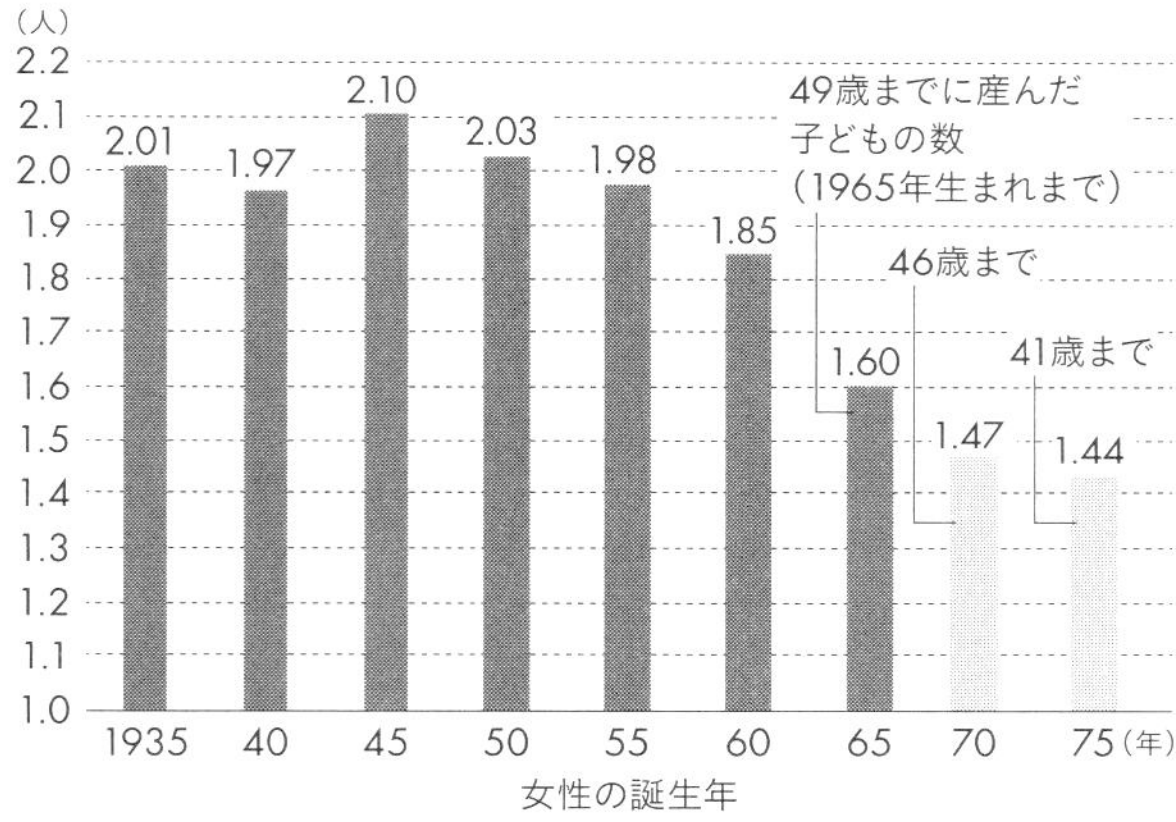

出所：国立社会保障・人口問題研究所「人口問題研究」のデータに基づき筆者作成

さらに何歳までに何人産んだかをブレイクダウンしてみた（図表6－2）。フランスの場合（図表2－9）には産み始めが遅くなっても30歳以降に産むことで最終的には「2人」にまで追いついてきたのに対し、日本では20代で産む数が一気に減った分を30代で取り返せていないことが分かる。図表6－2で20代の棒の高さが低くなった分、30代の棒の高さが高くなっていれば、最終的な出生率はキープできた。それが、30代の棒の高さが伸びなかったことが、超低出生率状態を招いた原因である。

フランス、ドイツ、イギリス、日本の

図表6-2
世代別子どもの数と何歳までに産んだか（日本）

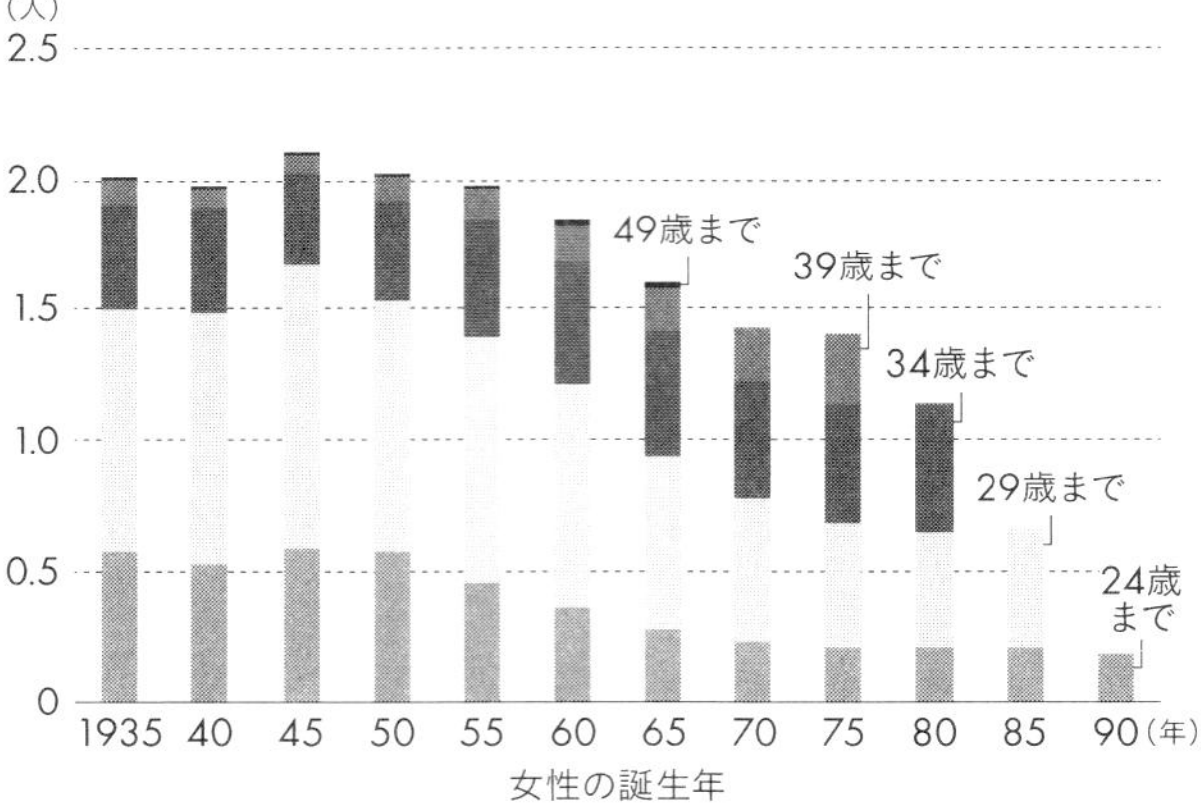

出所：国立社会保障・人口問題研究所「人口問題研究」のデータに基づき筆者作成

4カ国の人口関連統計を、外国については英語で取得できる範囲で見比べると、コーホート出生率の影が一番薄いと感じたのが日本だった。ドイツでも、連邦統計局のウェブサイトの出生のページの「主要数値」[*6]で見つけることができる（1968年生まれで1・49なので日本と近い）。

日本の場合も、国立社会保障・人口問題研究所のウェブサイトをたどっていけばもちろん見つけることはでき、注記を読み込めば理解することができるが、率直にいって分かりやすいとは言い難い。また、「産み終わりになる

50歳になってからでなければデータが完成しない」とも言われがちで、厚生労働省のウェブサイトにも「その世代が50歳に到達するまで得られない」と書いてあるが、[*7]フランスやイギリスの例をみれば、「35歳までに1・5人、40歳までに1・8人」というように年齢を区切ってコーホート出生率を使いまわしている。データの定義に縛られすぎずに使いこなしてよいのだ。

世代ごとに特徴を捉えて、製品・サービスへの消費欲を刺激して買わせるために攻めるのは、企業のマーケティングの世界では常識といってよい。「○歳の人には××な特徴がある」と分析時の年齢で示すのではなく、「○年生まれには××な特徴がある」と分析しておけば、その調査・分析から年月が経っても説得力が落ちないという。

そう考えると、政府が女性にもっと子どもを産んでほしいと考えるならば、それがどのようなプロフィールを持つ女性なのか、世代別に詳しく把握しておいた方が有効な政策手段を講じられるのではないだろうか。

壊れる「結婚＝出産」の前提

次に、子どものいない人の状況についても、政府や研究者による、より分かりやすい情報発信が必要だ。

あとでも取り上げるが、日本では結婚と出産が強く結びついているため、未婚率が分かれば子どものいない人の割合もおおよそ想像できそうに感じるかもしれない。しかし、晩婚化とともに、結婚カップルの持つ子どもの人数もじわじわと減少してきている（２０１５年には１・９４人と２０１０年比０・０２人の減少[*8]）。そのため、「結婚したら子ども」という通念（または妄想）を壊し、「結婚しているのに子どもがいない」ことで肩身が狭いと感じているような人を減らしていくことも念頭に置いておくことが望ましい。

そのうえで子どものいない人が子どもを育てるようになる、「子どもゼロ」から「子どもイチ」への変化を促していくとしよう。

例えば、「いつのまにか子どもがいないまま来てしまった」といったことを避けるためには、産み時を逃さないように、事前準備としてある程度の人生計画を立てておくことを勧めたり、それに合わせた情報の提供をしたりするといった取り組みが考えられる。

就職支援に力を入れている大学であればすでに行っているかもしれないが、「30歳までに産休を取っても、復帰して活躍しやすい土壌のある企業を選びたいならばA社がお薦め。B社に行きたいならば、20代は仕事に打ち込んで、少し昇進をしてから30歳くらいで第1子がよいかもしれない。その代わり、20代でパートナーを探し、子どもづくりの合意はしておいた方がいいよ」といった具合の助言が聞ければ女子学生はありがたいのではないだろうか。

さらに、男子学生に対しても、「共働きになることを前提として考えておいた方がよい。働く時間や場所を選べる柔軟性のある職場かどうかで、結婚までスムーズに進めるかどうかが決まるかもしれないよ」などと率直に伝えておく方が後々のためになるだろう。こうした助言をするためには、大学等が、企業から十分な情報を得られることも重要なリソースになる。

最近であれば少なくとも有力大学から企業の人事部に対し、LGBTへの考え方なども含めたアンケートや問い合わせがあるという。人手不足で優秀な若手を確保したい企業は、少々苦労してでも問い合わせには回答する。大学等の側からしても、卒業生が仕事でも子育てでも活躍できる人生を歩むことはメリットになる。

男性は「地域限定」で働けないのか

国立社会保障・人口問題研究所の「出生動向基本調査（結婚と出産に関する全国調査）」は、ほぼ5年ごとに全国の夫婦及び独身者に対して行われているアンケート調査である。結婚や出産に関する意向や、1人目を産んだあとの妻の働く状況などが分かる。だが、調査対象は「18歳以上50歳未満の独身者及び50歳未満の有配偶女性」となっているため、配偶者のいる男性の意見は直接把握できていない。

例えば、「イクメン」はもっと子どもを持とうと思うのかそうでもないのかといったことは同調査に拠ることはできず、夫婦の意識に迫れているのかというとそうとは言い切れない。子どもを育てようという意思については男女の合意が必要だから、男女のデータがセットであることも必要だろう。

子どもを持たない男性が感じることとして、給料の伸び悩みや転勤、休みの取りにくさなどが挙がってくることを想定してみよう。最近では転勤をしたくないと考える人も増えており、仕事と家庭の両立という観点で地域限定型の働き方を望む人のための様々な制度が充実してきている（地域限定型正社員などのコースを作るなど）。あるいは、配偶者の転勤に合わせてもう片方も同地域に転勤する、などといったケースもある。

しかし、そうした意思を特に示さず、「全国転勤可」としている人の家庭（本人と配偶者）でも何の問題もないということではない。「子どもを早く産みたくて専業主婦になって夫の転勤に付き合っているのに、夫はふだんも忙しくてなかなか落ち着いて話し合えない」であるとか、「1人目の子を連れて最初の転勤先に行き、友達もできたしよい産婦人科もあったのに、また転勤になると一からやり直し。そうこうしていたら年の差が開きすぎて、うちはもう一人っ子でいくのかな」といった声も頻繁に耳にするが、こうした声はきちんと拾われているのだろうか。

企業からみれば、これまでどおり「全国転勤可」とする総合職とは付き合いやすいのかもしれないが、同じ「全国転勤可」の人材でも昔とは違うのだ、という感覚を持っておくべきだろう。全国的な意識調査があれば、そうした感覚を育てやすく、従業員のニーズを聞き取るためのヒントになることを期待できる。

伸び悩む「子育て世代」の所得

また、30代・40代は所得が伸び悩んでいるという特徴も背負っている。子育てに対する現金給付（手当）を厚くするのも一案だが、そもそも所得が向上するような方策を子育てと結びつけることも可能だ。女性活躍推進法により、女性管理職の比率（管理職に占める女性の割合）は、従業員数３０１人以上の企業であれば調査しているはずである。

この管理職の分布について、年齢別・性別に広げて推移をみていくということも考えられる。「管理職に占める30代の比率（30代管理職比率）」のように世代でみることは、その企業の昇進のあり方を伝える1つの手段となる。男性の育児休業取得はおろか、「うちはそもそも年収を伸ばせなくて結婚できない30代独身者が多い」というような企業もある現状において、従業員の婚活を勧めることは困難でも、役職のあり方を問うことはできるだろう。

管理職になりたがらない人が男女ともに増えており、その理由が「休みにくい」や「残業代が出ない」などというケースがよくある。管理職でも休める状況や、そもそも残業させない経営を進めることも、人材獲得と定着の重要な要素であり、少子化対策にもつながる。

最後に、子どもなしを積極的に選んでいる場合について考える[*9]。

これからは、「自分のためにも、出産できるならば、してみよう」という考え方もありえるのではないだろうか。１９７０年代、女性が避妊や中絶といった選択肢を得たことによって先進国で出生率が急減した。いわば「自分のために産まない」だったわけだが、「自分のためにも産もう」という時代に変化するのかもしれない。

３つ目のパリティ（出産経験）拡大率については、本書ではここまで取り上げてこなかった。英語で「ＰＰＲ（parity progression ratios）」といい、「ｎ＋１人の子どもを持つ女性人口／ｎ人の子どもを持つ女性人口」で示される比率である。パリティとは経済用語で「同額」「平価」という意味でも使われるが、産婦人科用語で出産の経歴や回数という意味もある。

つまり、子ども１人の母親数：子ども０人の女性数、子ども２人の母親数：子ども１人の母親数、子ども3人の母親数：子ども2人の母親数といった比を取っていく。

これにより、「ゼロから1人」「1人から2人」「2人から3人」といった変化を切り出すことが可能となり、変化するニーズに合わせた制度設計をしやすくする可能性がある。

子どもの数を増やすことのみを目的とするならば、初産で1人増えるのも、2人目、3人目の弟妹で増えるのも、同じ1人である。そう考えると、「ゼロを1にするのか」「1を2にするのか」「2を3にするのか」のどれが最も効率のよい投資になるのかを、限られた予算を持つ政策担当者は考えざるを得ないはずだ。また、パリティ拡大率を分析することで、自国で出生率が低下した要因が何人目にあるのかなど、国や地域における特徴も把握できるため、それを踏まえた支援策につながる。

ただ、子どもを産むという経験を希望する人に、平等にその機会があることを重視するならば、効率性に加えて、初産を望む人の支援（不妊治療サポートなど）の優先順位が上がるべきだとも考えられる。

図表 6–3
パリティ拡大率の調査結果

母親の生まれた年（世代）	出生率低下要因	国や地域による差異
1955年まで	3人以上の兄弟姉妹が減少	小さい
1955〜70年	増えたのは • 子どものいない人 • 一人っ子	大きい

出所：ウィーン人口研究所資料に基づき筆者作成

国や地域で大きく変わる「兄弟姉妹」の分散

パリティ拡大率に関する先行研究も限られているようだが、オーストリアのウィーン人口研究所が出生率の低い32カ国を比較調査したレポートを発表している。[*10]同レポートでは、1940年生まれから1970年生まれまでのコーホート出生率をもとに、各国の出生率低下と兄弟姉妹の人数に着目した。

図表6－3のように、母親の生まれた年が1955年までと、それ以降では、出生率低下要因や、地域性の有無に差が出た。1955～70年生まれの世代では国や地域によって差が大きかったが、特にドイツ語圏（ドイツ、オーストリア、スイス）と、南欧（スペイ

ン、イタリア）及び東アジア（日本、韓国、シンガポール）において、子どものいない人の増加による寄与が大きいという結果になった。

日本で子どものいない人が増えた理由として同レポートでは、男女の結婚後の役割分担について伝統的な価値観（男性は外で仕事、女性は家事・育児）が強かったことが挙げられている。

また、2人以上の兄弟姉妹が減った理由として、子どもの将来の成功のために学歴が必要と考え、親が学校以外の塾や習い事にお金と時間を投じる「教育熱」の強さも指摘している。1人当たりにかける教育費が高くなるため、弟妹を持つことが家計にとって過大な負担になる。この傾向は東アジア、特に日本で強かったという。

分析結果をみるとさほど目新しいことはないように感じるかもしれないが、他国と比較した特徴が浮かび上がると、出生率という数字の持つ意味への理解が深まる。

今後、国内でも研究に取り組むとすれば、都道府県別の分析が進むと面白い。1人産んだ人が2人目を欲しいと考えることを後押しするのか、3人目以上を後押しするのか、施策の力点をどこに置くのかという議論にも進めやすいだろう。

また、女性5人組の出生率を改めて計算してみると、同じ出生率1・8を目指すとして、5人の女性で子どもは9人。その9人の分布について、「3人・3人・3人・0人・0人」なのか、「2人・2人・2人・2人・1人」なのか、どちらの状態を選ぶかは、社会によって異なる。出生率が1・8程度の国同士で比べても、イギリスやフィンランドでは前者、フランスや他の北欧諸国では後者が多い。無子の人も3人以上の人も多いイギリスやフィンランドはどちらかといえば個人を重視し、2人の人の多いフランスやスウェーデンは家族を重視するお国柄がある。

ミレニアル世代とZ世代への働きかけ

こうした数値が出てきたら、世代や地域、個人の特性をより細かく把握することができるし、さらにそれらが社会に拡散されれば、多くの感想や意見が出されることだろう。そうした情報も、政府の今後の子ども関連政策に活かすことができ、特に20～30代の実情に近づくこともできるのではないだろうか。

子育ての中心世代プラスその予備軍である20～30代は、「ミレニアル世代」とそれ以下に合致する。長年この世代について調査してきた米国の調査機関では、[*11]ミレニアル世代を「1981～96年生まれ（2019年時点で23～38歳）」と定義し、「Z世代」と名付けたこの次の世代との線引きを行うとした。米国の調査機関の定義であるため、その線引きには、2001年の同時多発テロ「9・11」を記憶しているかどうかが重視されている。

ミレニアル世代の特徴[*12]としては以下がある。

●不況とともに成長した
●なかなか親元を離れなかった
●非正規雇用が多くなった
●転職に対して積極的で、雇用によらない働き方にも関心大
●企業への信頼が薄い
●企業の財務業績よりも、環境や社会への関心が大
●親世代に比べて結婚が遅い

●家やクルマを早くから買おうとしない
●育児の情報は、親世代に聞くよりもインターネットで検索して得る

こうした特徴を踏まえれば、親世代に対しては「経済成長のためには労働力が必要」「売上が上がれば給料も増える」といった感覚の経済成長重視のもとの諸施策で十分なのかもしれないが、ミレニアル世代以下には逆効果となる可能性がある。家やクルマが欲しくないというのに、子どもが欲しくなるとすればどのような働きかけが響くのか、政府も、住宅や自動車メーカー以上に市場調査をせねばならない。

ミレニアル世代よりもさらに下、日本でいえば平成生まれの30歳以下、さらに、21世紀生まれの18歳以下となると、長時間労働といえば「諸悪の根源」のようにさえ教わって育っている。しかも、この世代は非正規で働く人も多く、お給料が上がっていく実感や期待感の薄い世代でもある。将来への希望や楽観性の低い人たちが、最も子どもを産める年齢と重なっているという事態を直視したうえで、この世代が子どもという大きな投資に個人として動くようになる道筋を検討すべきではないだろうか。

「出会い」を求めるときの合理的行動

フランス人女性が考える子どもを産むための条件のなかには、安定的なパートナーを見つけ、子どもを持とうと合意することが含まれていた（第2章）。安定的なパートナーをどう見つけるか、前段階には出会いがある。

ミレニアル世代以下では出会いを提供する「場」のサービスが豊富にあるため、それに直接あたる、という傾向がある。日本でいえば、大学のサークルや職場といった、一義的には他の活動目的がある場で付き合う相手を探そうとする人が減少しており、「出会いを求めるならば婚活する。手段はまずネットで出会いの場を探す」という人が増えているという。「街コン」や婚活イベントといった場を見つけるのは、簡単なことだ。

これは欧米でも同様で、インターネットという技術の進化によって、ミレニアル世代はむしろ多くの出会いのチャンスを持っているという分析もある。ところが、大学や職場で実際に顔を合わせる人のなかから相手を選んでいるのと比べ、婚活のなかで得られる情報は格段に多くなる。そうなると、自由な選択肢がありすぎてかえって選べなくなってしまったり、必ずしも正解がない世界での正解を追い求めて疲れてしまったりする負の影響もあるという。[*13]

そんななかで、最近注目されているのは、共同作業を伴うタイプの婚活イベントだ。短い時間でお互いのことをよく知るために、農作業やお祭り企画など、多種多様な企画がある。「出会いを求めて参加する」という共通認識がある分、無駄なく楽しめるというメリットもあるようだ。

パートナーと出会えたとして、次に出産と結婚の関係はというと、日本は婚外子を望ましくないとする人が多い傾向にある。内閣府が調査した結果[*14]によれば、フランス、イギリス、スウェーデンでは、婚外子を持つことについて90％以上の人が「抵抗感がない」と答えたが、日本では49・5％と半分を切っている。また、日本では「結婚は必ずするべきだ」と「結婚はした方がよい」を合わせて65％と最も多く、他の3カ国は30～40％程度だった。

こうした傾向から日本では、法律婚をしやすくすることで、子どもを持つことについて考えやすくなると期待できる。「子どもを持つのはそれほど大変なことではない」と思える第一歩、法律婚をしやすくするための手段として、夫婦別姓の制度化を求めたい。

夫婦別姓については、平成に入ってから2回、民法を改正して夫婦別姓を認めようとする動きが盛り上がった。1回目は平成8年（1996年）、2回目は平成22年（2010年）のことである。しかし、2回とも法案は法案のまま、国会に提出されることもなく終わってしまった。これ以降は、平成27年（2015年）に「第4次男女共同参画基本計画」で検討を進めることが書かれてはいるものの、動きは緩慢だ。

2017年に実施された「家族の法制に関する世論調査」によると、「婚姻をする以上、夫婦は必ず同じ名字（姓）を名乗るべきであり、現在の法律を改める必要はない」という回答は29・3%、「夫婦が婚姻前の名字（姓）を名乗ることを希望している場合には、夫婦がそれぞれ婚姻前の名字（姓）を名乗ることができるように法律を改めても構わない」という回答は42・5%だった。

意見が分かれる夫婦別姓

少子化対策としての夫婦別姓（政府の用語では選択的夫婦別氏制度のこと）の効果につい

ては、意見が分かれている。「効果がない」とする代表的な意見としては、日本はフランスや北欧諸国と違い、伝統的な結婚と子育てが深く結びついているから効果は期待できない、というものがある。

「効果を期待」する意見としては、一人っ子で名字の継承を大事に考える人にとって結婚のチャンスが広がるというものが挙げられる。

日本では「デキ婚」「おめでた婚」「授かり婚」といった言葉があるように、結婚と妊娠・出産が強く結びついている。この特徴を踏まえると、「より結婚しやすくする」ための方策として、婚外子までいかないにしても法律婚の条件を少し緩めることになる夫婦別姓を、改めて考えてみる意義がある。

フランスで結婚していない両親の子どもが約6割を占めているように、欧州では結婚か、未婚のパートナーシップかという垣根が非常に低くなっているようにみえる。同時に、第2章で取り上げたフランスの新たな家族形態である連帯市民協約（ＰＡＣＳ）も、公的な制度であることから、家族という仕組みが複数用意されているというようにも思える。

フランスのＰＡＣＳ制度も、当初は、むしろ同性カップルにとって朗報の制度と受け止められていたという。同性カップルだから、基本的には新たに生まれてくる子どもの数とは関係はない。それが、フタをあけてみれば「新たな家族形態の創造」と認められ、今となっては結婚とＰＡＣＳが２つの並立した選択肢になっているといっても過言ではない。

この、「フタをあけてみれば」という話が意外と転がっているのが、結婚や子育てといった個人的な人生設計に関わるテーマだ。

仕事と家庭の両立支援の取り組みについて企業の話を聞く機会があるが、社内で評判のよい制度というのが、「たった一人」の女性や男性のニーズから始まったことを少しずつ広げていって生まれたというパターンが意外なほど多い。

事業所に併設した保育所（不動産開発業）や、不妊治療のための休暇制度（飲料メーカー）、15分単位で設定できる時短勤務制度（化学メーカー）、子育て中の男性同士が話し合えるランチタイム（情報通信業）などの例だ。

何か制度を設計しようとする場合、設計者（立案者）の側でいくつか選択肢を示し、欲しいと答えた人が多ければ導入し、少なければ導入しないという方法も悪くはない。しかし、少数意見や、一見突飛で非現実的に思えるアイディアが実を結ぶこともある。「実は私も欲しいと思っていた」という意見があとから出てくるのである。

夫婦別姓がこれに当たるかどうかはともかくとして、世論調査結果からは、制度化されれば一定の利用者が出るのではないだろうか。子どもが欲しい意向があるにもかかわらず現行の夫婦同一氏では結婚できない理由があるカップル（一人っ子同士で名字が変わることに対する抵抗が強いなど）ならば、「夫婦別姓が可能になる→結婚する→子どもを産む」という路線を想像しやすい。

また、子どもの希望までは明確になっていないカップルであっても、結婚によって名字を変える事務手続きがなくなれば、法律婚へのハードルが下がるともいえる。2015年に日本で「結婚すれば子どもを持つべき」と考える人は未婚男性で75％、未婚女性で67％と[*15]、1997年調査以降大きくは変わっていないことも踏まえると、まずは結婚しやすくし、家族をつくりやすくするための方策を充実させる目的で、夫婦別姓を少子化対策として位置付けるべきだ。

子育てに至る経済的・心理的余裕

家族の基盤ができたら、次は、男女に共通して「仕事だけではなく、そろそろ子ども」と動き出すための環境づくりについて考えよう。保育所の整備はもちろん重要だが、まず、「そろそろ子どもが欲しいし、育てられそうだ」という経済的・心理的余裕が必要だ。それをサポートするための具体策を1つだけ挙げるとするなら、企業の働き方に関する情報開示を求める仕組みを改善する余地がある。

情報開示の仕組みについては、「女性の職業生活における活躍の推進に関する法律（女性活躍推進法）」や「次世代育成支援対策推進法」に定められている。

女性活躍推進法は、その第16条1項において、対象となる企業は「職業生活を営み、又は営もうとする女性の職業選択に資するよう、その事業における女性の職業生活における活躍に関する情報を定期的に公表しなければならない」と明記している。

ここで対象になっているのは従業員数301人以上の企業だ。「女性の職業選びの役に立つように、情報を開示せよ」ということを定めている。これにより、該当する企業は、それまで収集していなかったような情報も新たに収集し、公表しなくてはならなくなった。

女性活躍推進法で公表することが推奨されている項目は、採用の状況、平均勤続年数、男女の育児休業取得率、平均残業時間、有給休暇取得率、係長・課長・役員に占める女性の割合、職種や雇用形態の転換実績などで、すべてでなくてもよいので求職者の企業選択に資するようにすべきであるということが強調されている。平均残業時間や有給休暇取得率のように男女に共通するワークライフバランス関連の指標もあれば、採用や平均勤続年数のように男女差をみるための指標、管理職に占める女性の割合や総合職等への転換実績など、女性のキャリアアップに関する指標が含まれている。

他方、次世代育成支援対策推進法は、「次代の社会を担う子どもが健やかに生まれ、かつ、育成される環境の整備を図る」ことを目的として、従業員数101人以上の企業には行動計画の策定や公表を義務付けている。厚生労働省による行動計画に関する「策定指針」には、企業が何をすればよいのかが詳細に示されており、妊娠・出産に対する配慮、男性の休暇取得、育児休業を取得しやすく職場復帰しやすい環境、管理職向けの研修、勤務地限定の職種、子どもの看護のための休暇整備など、相当網羅的な内容だ。

２つの法律が求める項目は似通っているため、行動計画を共通のものにすることさえ可能なのだが、双方をいくら見ていてもなかなか分からないことがある。それは、結果として「この企業で働いている人は何人子どもを育てているのか」「子育てをしながら仕事を続けている人はどのくらいいるのか」といった、子どもに直結した情報である。

「育休取得率」は「ある年度で子どもを産んだ人のうち、仕事を辞めずに休暇を取った人」のことを指すにすぎない。女性従業員が１００人いて、１人だけ妊娠・出産して育児休業を取って復帰したケースでは「１÷１＝１００％」だし、１００人のうち50人が妊娠・出産したが育児休業を取って復帰したのは40人であれば、「40÷50＝80％」になってしまう。

比率だけでみるとどうしても「１００％」の方がよいようにみえるが、実数や、全体の従業員数からみた割合についても吟味しないと実態には迫れない。もし、「働く母親率」という指標があったとして、「子どもを産んで復帰した女性の数÷仕事を続けている女性の数」を出すとするならば、前者は「１÷１００＝１％」、後者は「40÷90＝44％」となる。「仕事を続けながら子育てをできるのか」という点は就職を考える学生にとっては関心事の１つだが、その問いに対して、情報の出し方は育休取得率以外にもあった方がよい。

さらに、残業時間や有給休暇取得率に関する情報も、ないよりはある方がよいが、子どもを産んで育てようという時間的・経済的余裕の有無を知るためには十分とはいえない。

時給をベースに将来を設計する

残業時間や有給休暇取得率が分かることも意味がないわけではないが、残業時間については「短いな」とみえる企業で規定内時間がわずかに長いことがあるし、休暇取得率については有休以外に企業ごとに規定している年間休日日数が異なることから、これも「高いな」と思える企業で働いている人が実際によく休めているかどうかは別ということがある。したがって、トータルとして年間でどれだけ働いてどれだけ稼げるのか、が一日で分かる方がすっきりとする。

それを一日で示す指標としては、「世代別の年間平均時間当たり収入」が考えられる。「年収（ボーナスも含む）÷年間総労働時間」の割り算をすれば出てくる金額だ。これにより、

30歳の第1子ピーク世代において、共働きを前提として十分な収入と余裕のある働き方が可能なのかどうかの比較検討ができるようになる。

企業で働き方改革を推進する責任者に仕事で話を聞く際に、「男性の育児休業取得状況はどうですか」と聞くと、「そもそも若手世代は給料も安いし独身が多く、まだ子どももいない人ばかりなので対象者がいない」と回答され、「そうですか、ではいずれ機会が出てきたらぜひ逃さずに育休取ってもらってくださいね」と返すしかなかったことも一度や二度ではない。少子化を懸念するならば、適齢期の世代に対して将来への希望が持てるような処遇を、経済的にも時間的にも行うことが必要である。

最近では、金銭的な利益だけではなく、「E：環境」「S：社会」「G：ガバナンス（企業統治）」などの非財務的価値（すぐにお金になりにくいような価値）をより深く考慮するように、経営の舵を切り始めた企業が増えている。背景には、異常気象の深刻化によって地球環境問題が現実のものとなってきた、過重労働など劣悪な労働環境を放置していては企業の評判が落ちるようになってきたなど、社会・環境問題が企業にとっても「自分ごと」になってきたことがある。

ＥＳＧ側面の考慮とは、例えば、公平で透明な意思決定のあり方、公正な事業運営、顧客や消費者を大切にすること、働く人の職場環境の確保や仕事と生活の両立、下請けなどの取引先に対しても自社にするのと同じように安全や健康に配慮すること、製品に関するエネルギーや資源をなるべく効率的にすること、などである。

企業にとっても、少し長い目でみれば財務的な価値、つまり儲けになって戻ってくるという可能性が期待できることから、何事にも敏感な企業ほど率先してこうした目配りを進めている。また、企業に資金を提供する投資家や金融機関においても、単に今期の利益が増えた企業というよりも、こうした中長期的な目配り力のある企業を投資先に選ぼうとする動きが進んでいる。経済的な利益を追求する主体である企業でも、経営の「土台」はお金だけではないことの表れでもあろう。

ＥＳＧに関心を持つ企業は、少子化を単なる経営の外部環境と受け止めず、自社としてもできることがあると考えられるはずだ。

なぜ、少子化対策は必要なのか

ここで改めて、なぜ日本が少子化対策を進めなければならないかについて振り返ってみたい。政府の政策の上位に経済成長が位置付けられ続けるように、「子どもが減りすぎると財政も経済ももたないから」というのが、政府の見解かもしれない。少子化が急速に進みすぎると、社会の仕組みが追いつかなくて不具合が起こるという懸念は、第1章でも触れた。

しかし、かといって人は、経済のために子どもを産むわけではない。「出生動向基本調査」[*16]によれば、「なぜ、子どもを持ちたいのか」という質問に対し、未婚者男女・既婚女性ともに最も多かった回答は「子どもがいると生活が楽しく豊かになるから」で、7割前後に達している。特に既婚の25〜49歳女性では75%を超える人がそう答えている。2番目に多かったのは「子どもを持つことは自然なことだから」だった。

選択肢のなかには「経済のため」という内容は含まれていないが、「子どもは将来の社会の支えになるから」「子どもは老後の支えになるから」を選んだ人は、多い世代でも2割強にとどまっている。

同じ質問をフランス、スウェーデン、イギリスでも行った調査では、日本と同じように「子どもがいると生活が楽しく豊かになる」「子どもを持つことは自然なことである」の2つが1位・2位を占めた。

諸外国の少子化対策の経緯を振り返ると、フランスではドイツとの人口格差が開くことへの懸念を発端として出産奨励主義が根付いた。当初、女性が家で子育てをしやすくなることが重視されていたが、20世紀後半以降は、「女性が産みたいときに産める」よう、女性の選択肢の多様化に力点が置かれた。

スウェーデンでは、出生率の低下に危機感を持ったところまではフランスと同じだが、女性が仕事と育児を両立できるようにするという発想をいち早く持ったことから、少子化対策をすることは男女間の平等を担保するためだったともいえる。

イギリスについては、フランスやスウェーデンに比べると家族に対して政府が介入しないというスタンスが伝統的に強く、女性の社会進出とともに発達した。

諸外国の経緯からみると、子どもを産みやすく、育てやすくする少子化対策は、そうすることで「楽しく豊かな生活を、自然に送りたい」と思う人（特に産み手である女性）を支援するものでもあった。一人ひとりが楽しく豊かな人生を送るための、現代的な政策の１つが、少子化対策だと言い換えることができる。

したがって、少子化対策と経済は密接につながっているものの、経済のために少子化対策があると考えるのはおかしい。なんでもロボットがやってくれそうな時代において、なぜあえて手間もお金もかけて「人」にこだわるのかという点を突き詰めていけば、「なぜ、少子化対策をするのか」という問いへの答えがはっきりしてくるのではないか。自分たちがこれまで受け継いできた自然や歴史、言語、文化芸術を、人の手によって後世にも伝えたいというような、非経済的な理由である気がしてならない。

第7章

少子化する世界でどう生きるか

一人ひとりが力を発揮する

今後、日本の出生率が上昇を始めたとしても、若い世代の人数も毎年減少していることから、日本では当面、人口減少が続く。労働力の減少に備えて、人工知能（ＡＩ）やロボットの導入は日々、進んでいく。子ども世代は、少ない人数で、ＡＩとも共存し、これまで以上に中国、インド、アフリカ諸国の人たちと出会う可能性の高い世界に向けて育っていく。世界の変化については、環境や社会の状況に目を向ければ、地球温暖化による異常気象の頻発、資源や領土をめぐる世界各地での争い、新たな感染症との闘いなど、簡単に解決できない課題が山積している。

こうした世界を、少ない人数でも楽しく豊かに生きていくためには、一人ひとりが持っている力を最大限伸ばし、発揮できることが大切になる。国でも企業でも、人数の少ないグループが豊かさを維持しようとするならば、一人ひとりの生産性（時間の使い方）が将来を左右する。

ところが、日本の大人世代の労働生産性は、国際的にみて低い水準にある。2017年のデータでは、OECD加盟36カ国中20位にとどまる。[*1] 最近でこそようやく、働き方改革の広がりとともに、30~40代の男性で週60時間以上働く人の数は減ってきているものの、それでも2017年時点で242万人にも達していた。[*2]

こうした親世代の働き方改革の苦労を見つつ、子ども世代はさらに新たな世界を生きていくわけだが、日本の子どもたちといえば、外国に比べて自分に自信がなく「できる」と考える姿勢が弱いといわれて久しい。自分の力で何かを変えられると考える高校生も、外国より少ない。[*3] 一人ひとりが力を発揮していくという観点で、心配させられる側面もいくつかある。

まず、テストの点数に示される結果に反し、子どもが勉強を楽しんでいないということだ。第2章でも取り上げたように、OECDでは2000年から3年ごとに、PISAという国際的な学力調査を実施している。そこから分かる15歳の学力をみると、2012年の日本の結果は、3つの力の平均点が過去最高という好結果が出た。[*4] 順位でいうと図表7―1のとおりである。

この好結果の背景には、脱ゆとりによる学力強化の流れがある。日本は、２００３年の同調査において、読解力14位、数学的リテラシー6位（41カ国中）というパッとしない結果が出た。最高位クラスの国とも有意な差がついたため、「ＰＩＳＡショック」とまで呼ばれたことがある。その結果、学力低下が強く問題視され、２００８年の学習指導要領の改訂（脱ゆとり）に大きく影響したとされる。

２０１２年の調査では読解力で1位になったほか、平均点が上昇した。２０１５年の最新の調査ではコンピューターを使用する調査に移行したことから、連続的に比較することはできないが、科学や数学で特に高い位置につけている。国際的にみて、日本の子どもの学力は高い方に位置しているといってよいだろう。

しかし、ＰＩＳＡが同時に実施している「学習成果に関する要因」についての質問結果によると、「日本の子どもは勉強がよくできているからいい」という見方を少々、修正する必要がありそうだ。

図表 7–1
PISAにおける日本の順位（2012年）

	読解力	科学的リテラシー	数学的リテラシー
OECD加盟34カ国中	1位	1位	2位
調査参加65カ国・地域中	4位	4位	7位

出所：国立教育政策研究所「OECD生徒の学習到達度調査（2012）」に基づき筆者作成

点数がいいのに好きではない「勉強」

「学習成果に関する要因」とは、学習の成果である得点に影響を与える要因のことをいう。2012年の数学についてみてみると、①数学における興味・関心や楽しみ、②数学が将来役に立つと思うかどうか、③数学において「できた」と思えるかどうか、④数学を自分は得意だと思うかどうか、⑤数学における不安、の5つから構成される。

「①数学における興味・関心や楽しみ」をどのように測るかというと、「数学についての本を読むのが好きだ」「数学の授業が楽しみだ」「数学を勉強しているのは楽しいからだ」「数学で学ぶ内容に興味がある」。

といった内容の細目のアンケート調査からできている。

その結果、日本の生徒で①の数学に対して興味・関心や楽しみがあるという回答は、ＯＥＣＤの34カ国中で下から5番目、新興国を含む65カ国中では下から6番目にとどまった。②から④でも肯定的な意見は少なく、⑤の不安は高かった。

つまり、「数学を楽しんでいないのに点数はいい」「数学が将来役に立つと思っていないのに点数はいい」「苦手だと思っているのに点数はいい」「不安を感じているのに点数はいい」という日本の15歳の姿が浮かび上がってくる。他国と比較して、興味・関心が薄いままに数学を学び、点数を取れても自信につながっていない、という状況だ。

同じ傾向は、２０１５年調査の科学についても出ている。経年変化でみれば、徐々に肯定的な回答をする生徒の割合が増えているものの、他国と比較した傾向は変わらない。

もちろん、文化的な違いから、日本の子どもは「自分はこれが得意だ」とはっきり回答しないことも影響しているかもしれない。しかし、一人ひとりが思い切り力を発揮するには、「できている」ことについてもっと自信を持たせるような教育に変革しなければならない。

過度に競争的な教育

教育に関して国際社会から心配されているのは、日本の教育制度は「過度に競争的」なのではないかというものだ。受験戦争に集約される、教育における競争が厳しすぎるのではないかということである。競争には、切磋琢磨というよい点があるものの、ペーパーテストによる点数主義が行きすぎると、子どもの成長に負の影響を与えかねない。

これを指摘したのは、「児童の権利委員会」である。同委員会は、日本が1994年に批准した「子どもの権利条約」について、批准国がきちんと対応しているかどうかを、5年に1回をベースに審査している。2010年に日本に対して示された「最終見解」では、[*5]

●学校及び大学への入学を求めて競争する子どもの人数が減少しているにもかかわらず、過度の競争に関する苦情の声が上がり続けていること

●高度に競争的な学習環境が就学年齢層の子どものいじめ、精神疾患、不登校、中途退学

及び自殺を助長している可能性があること

について、懸念と留意が示された（つまり、日本政府に対応を求めた）。

これに対し、日本政府は２０１７年６月に「児童の権利に関する条約　第４・５回日本政府報告[*6]」をまとめ、２０１９年１月に、受審に向けた国連大使の声明を発表している。報告では、高校入試や大学入試において、生徒を多面的・総合的に評価する改革を進めていることを明記し、再度上記２点の認識を委員会が持ち続ける場合には「客観的な根拠について明らかにされたい」としており、「きちんと対応している」という立場を強調している。

児童の権利委員会が、このテーマに対して今後どのような評価をするのかはまだ分からない。日本政府の対応を批判的にみているＮＧＯらは、全国学力調査の結果の公表（自治体の判断による）などによって「教育現場が点数競争に駆り立てられている」という問題を指摘しているところである。

一人ひとりを大事にできるかどうか

受験や点数競争だけが課題なのではない。まだまだ発展途上にあり紛争も絶えないような国と比べ、先進国に生まれてきて一見恵まれているはずの日本の子どものなかにも、厳しい環境に身を置いている子が相当いることは、国連の指摘をまたなくても実感できることだろう。いじめや不登校、子どもの貧困やその連鎖、虐待や育児放棄、性的搾取、自殺など、せっかく生まれてきたのに人生を楽しめずにいる子どもがなかなか減らない。

子どもの全体数は減っているにもかかわらず、絶対数で増えている人数としては、置き去り児童数、19歳以下の自殺、生活保護及びそれに準じる困窮状態の児童生徒数、小・中・高校における暴力行為の発生件数、いじめの認知件数、不登校の生徒・児童数などがある。

最近では10代から、世界で大活躍するスポーツ選手が増え、そのことは日本全体にとっても明るいニュースとして受け止められている。多くのケースで、親が子を熱心に支援してきた努力が結実したという話を耳にすると、「すごいな」と思う半面、親からの支援を受けられない子どもも一方でたくさんいることに目を向けたくなる。

親からの個別の支援に依存せず、社会全体で子育てをしているのかどうかということを測る指標の1つとして、教育における公的支出の割合が挙げられる。教育における公的支出の割合とは、「教育」という行為について「みんなで分担するのか、個人の責任に任せるのか」を示している。

これは、日本が「最低ランク」に居続けている指標だ。国内総生産（GDP）に占める公教育支出の割合でみても、公的支出全体に占める教育支出の割合でみても、日本の順位は後ろから数えた方がずっと早い。

日本政府には問題意識もあり、幼児教育の無償化や高等教育の一部無償化、待機児童対策は、子ども関連政策の目玉になっている。第1章で、出生率2・0未満の国における幸福度と出生率の関係を取り上げたが、ここで改めて、教育における公的支出の割合と出生率の関係をプロットしてみた。図表7－2のとおり、幸福度と同じように、やや緩やかながら右上がりの傾向が読み取れ、公教育支出の高い国で出生率が高くなっている。

子育てにかかる経済的な負担の代表である教育費の家計負担を減らすことは、経済的負担

図表 7–2
教育における公的支出と出生率

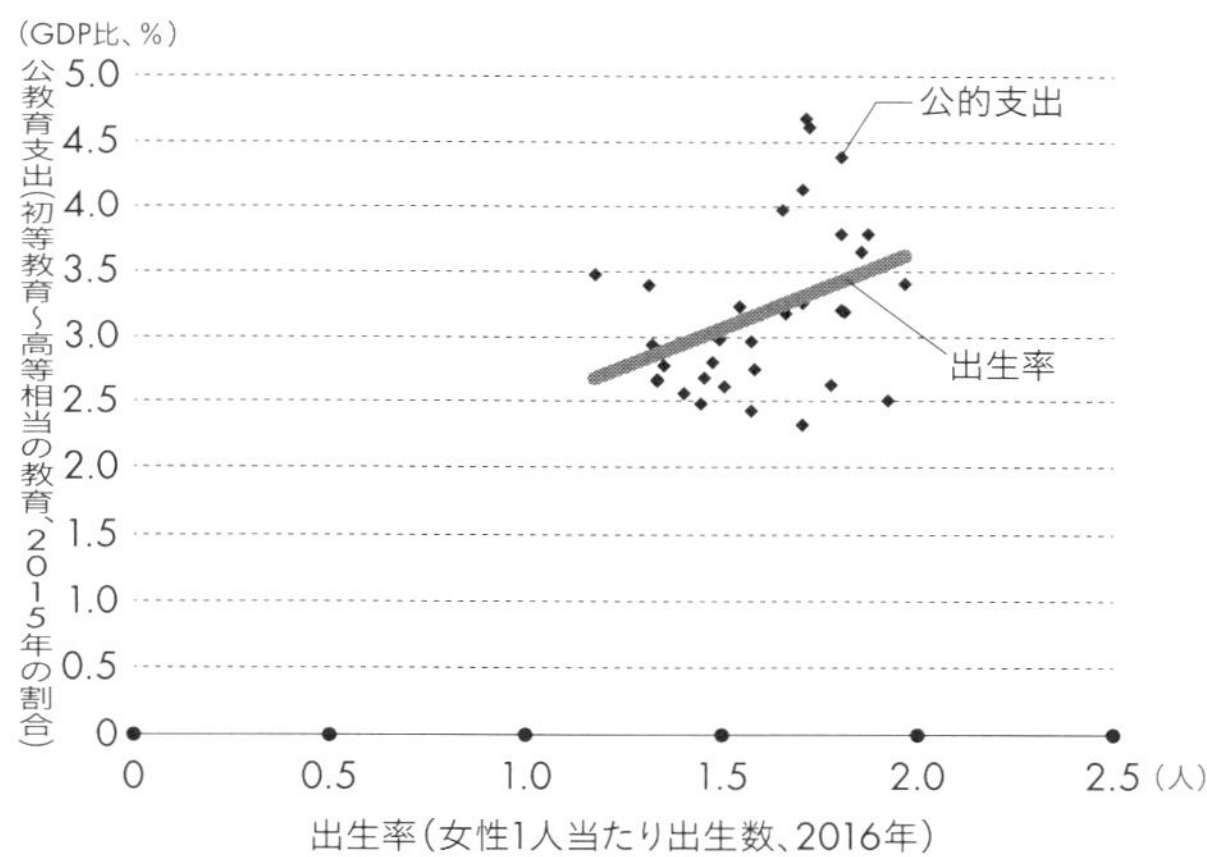

出所：OECDと世界銀行データに基づき筆者作成

を理由に出産をためらっている人に対する後押し要因となり、出生率の上昇要因としても期待できることだ。それに加えて、「社会全体で子育てをし、教育をしていく」という方向に舵を切ることは、子どもが生まれてきた環境に任せきりにせず一人ひとりの力を伸ばし、発揮させるということにもつながると期待できる。

少子化する時代において、親だけに任せずに「社会全体での子育て」をしようといった場合、最初に出てくるのは保育所や学校などの公的機関や、地域の活動だ。しかし、第4章で、スウェーデンでの子どもと企業活動（ビジネス）を結びつけた動きを紹介したように、企業が子どもの育つ過程に与える影響も大きい。

企業は子育てにどう関わるか

2012年3月、国連グローバル・コンパクト、UNICEF、セーブ・ザ・チルドレンの3団体は、「子どもの権利とビジネス原則」という10の原則を発表した。この原則の根底には、企業は、その事業所、製品・サービス、経済・社会的開発を通じて、子どもの生活を改善する力も、また、劣化させる力も持っているという考えが貫かれている。

子どもと企業との間の関係で、世界レベルで最も深刻な課題は主に途上国における児童労働の撲滅だが、先進国でも無関係ではない。子どもからみて親に当たる、企業の若手労働者にとっての働きがい（賃金や休暇）を通じた接点、製品・サービスの安全を通じた接点、マーケティングや広告活動を通じた接点などがある。

UNICEFらは、「子どもの権利とビジネス原則」をさらに具体的に実践に移すためのツールとして、2013年12月に報告書『子どもはみんなのビジネス（Children are everyone's business）：ワークブック2・0』も発表しており、企業にとってのヒントが示されている。

日本政府は、先に触れた「児童の権利委員会」向けの報告のなかで「児童の権利と企業部門」という項目を設けているものの、企業の社会貢献活動に対する表彰程度の具体例しかない状態だ。

日本では、直接子どもに接点のある学習塾・予備校だけでも1兆円弱の市場規模があると推定されるほか、子どもの衣食住に関わる企業は無数にある。第4章で取り上げたイギリスでは、保育所に対する質の評価の仕組みがあった。日本でも待機児童の解消のために保育所の量の確保が優先されるなか、保育の質に関する関心も高まってきているところだ。

それに加えて、教育における公的支出の割合が低く、学校外の私的な教育サービスの存在感の大きい日本ならば、民間サービスに対する質の評価を充実させるのも一案だ。塾や予備校の場合は、試験に合格することや成績を上げることが一義的な「成果」に相当するから、どうしても合格者数といった数字ばかりが指標になっていた。

そこに、塾や予備校に通うことが子どもにどのような変化をもたらすのか、食事や運動、視力、睡眠時間といった健康面まで含めて影響を評価するような仕組みがあれば、日本の教育費負担の特徴に合わせた取り組みにもなる。

「参加」が重視されるドイツの保育所

ここで、日本と出生率のレベルが近いドイツでの、一人ひとりの力を伸ばそうとする取り組みを紹介する。

第3章で取り上げたように、2013年にドイツ全土で、子どもが1歳になった時点で確実に保育所に枠を確保できるよう、「保育施設入所請求権」が制定された。保育所の役割としては、女性の就業と子育ての両立を支えることはもちろんだが、移民や身心にハンディキャップのある子どもたちが就学までに基礎的な語学力及び生活規範を身につけるための役割も期待されている。

ドイツでは、中等以下の教育に関して州政府の権限が大きく、子どもに関する政策について州としての独自性を出すことが可能である。ドイツ北部、デンマークとの国境に位置するシュレースヴィッヒ・ホルシュタイン州では、1989年に「子どものためのシュレースヴィッヒ・ホルシュタイン州」というビジョンを策定した。同州の一部の保育所では、「子どもの参加」を重視した運営がなされている。「参加」とは、自分にとって大事な関係にある事柄について、意思決定に関わることを指している。

6歳までの幼児期において「参加」といっても、そんな小さな子どもが、どのような意思決定に関わることができるのか。そのような疑問を抱いてしまいがちだが、「チャンスを与えれば、大人が驚くような結果が出てくる」という保育現場での実践を通し、ノウハウが蓄積されていっている。

「子どもの参加」の取り組みの第一歩は、参加の範囲を決めることである。すなわち、子どもがどのようなことなら参加してもよいか、言い換えれば子どもが何を自分で決めてよいか、ということを基本ルールとして決める。これは、大人の領分であり、園長や保育者が協議をして策定する。ここに、研究者や経験者などが支援に入ることもあるが、それぞれの保育所の実情に合わせて決めることが重視される。

子どもが参加してよいこととしていくつかの例が実践されている。図表7－3は、

図表 7-3
キール市内の保育所における「参加」の事例

食事	●一定の時間内(11時から14時までなど)であれば、好きな時間に食堂に来てよい。食べに来たことを、職員がチェックする。 ●好きな量だけ、自分の皿に取り分けてよい。ただし、取り分ける場所には職員がついており、特に人気のある献立をおかわりしすぎて独り占めにならないことなどを、注意している。 ●食堂のなかのテーブルであれば、誰と一緒に食べてもよい。
遊び	●毎朝、その日の遊びのプログラムの全体像を保育士が説明し、子どもは自分の好きな遊びを選んでよい。教室が遊びの種類別(ブロック、工作、科学、音楽など)に分かれており、鍵がかかっていない限りどの部屋で遊んでもよい。 ●保育士は各部屋や園庭を担当するほか、園舎全体を見渡せる場所にいて誰がどこに行ったか確認する役割を交代で担う。
室内の装飾	●壁や天井の飾りつけをどのようにするか、子ども委員会(おおむね4歳以上)でも話し合って決める。既製品よりも、保育士らによる手作りの方がうまくいくことが多い。
部屋の用途	●園内にある部屋の用途は、基本的には上述の遊びの種類別に分かれているが、用途そのものを変えることもある。 ●学童期の子どもの発案で、ディスコルームと称して室内のものを減らし、音楽をかけて踊れるスペースを作った。保育士らは年少(6歳未満)の子どもへの影響を心配したが、時には一緒に体を動かしてみるなど、子ども同士なりにちょうどよい具合を見つけている。
おもちゃの購入	●一定の予算は園の側で決めているが、その範囲でどのようなおもちゃ(例えば三輪車・自転車のような耐久品)を購入するかを、模擬的な紙幣も使って子どもたちの意見を募った。 ●数字が読めなくても分かるような聞き方をすることで、遊びを通してお金について学ぶこともできる。
遊びのルール	●限られた数の自転車に乗る順番を決めるにあたり、子どもたちでの話し合いを重ねた。試行錯誤の末、3回目に出た「停留所を作る」というアイディアが定着し、安定して遊べるようになった。
おやつ交換	●午後のおやつは家庭から持参。それを、友達同士で交換したいという子どもがいた。交換にあたって考慮しなくてはいけないのはアレルギーよりも宗教上の制約だった。どうすればスムーズに、かつ安全に交換することができるか、子どもたちでの話し合いを重ねた。 ●その結果、交換したくない人はしなくてよいこと、果物であれば誰でも食べられるから交換しやすいこと、などのルールが自発的に制定された。
保育士への希望	●新規に保育士を募集するにあたり、条件として、「ギターを弾ける先生」という希望を追加することを子どもたちが提案した。
もめごと解決	●子ども同士でのけんかが起こった場合など、その場で言えない場合には、子ども委員会向けに手紙を書き、専用のポストに投函することができる。字の書けない子どもは、年長の子(小学生の学童もいる)に頼むか、絵で表現する。

出所:ヒアリングに基づき筆者作成

２０１４年に筆者が訪問したキール市内にあるユラントリング保育所を中心とした取り組みである。

このような積み重ねを通して、子どもの成長にはどのような影響があるのだろうか。厳密には、参加をした子としていない子の違いを計測しないと影響があったとは言い切れない。しかし、一人ひとりの子どもを通して、参加の前後を比較した成長を感じられるというのが、現場で試行錯誤を共有している保育士や、研究者らの意見であった。

特に、様々な「問題解決」への関与において、子どもの成長が顕著であるという。子どもが到達する答えが大人が考えるのと同じことであったとしても、自ら考えて力を出したという「パワー」獲得の経験や、「できた」という喜びが、子どもたちに蓄積される。これが自己肯定感の醸成につながっているという実感が現場にはある。

訪問したユラントリング保育所の場合、失業者の多い地域に立地しており、学童も含め約１２０人の子どものうち１００人ほどの親が無職だった。家庭環境に困難を抱える子どもも少なくないなかで、こうした喜びの経験が子どもに与えるプラスの影響が考慮されている。

また、子どもたちはいろいろな意見のぶつかり合いを経験する。「Aちゃんの言うことと、B君の言うことは違う。どちらがいいのか、私ひとりでは分からない。ひとりでは分からないから、助けてほしい」といった、合意形成のプロセスを体感し、それを表現した子どももいた。こうした経験は毎日起こるものではないし、どの程度あとの人生において活用されうるのかも分からない。

しかしながら、与えられたルールに従ったり、声の大きい子の意見に従ったりするだけではない、問題解決やルールメーキングのプロセスを経験しておくことは、「できた」という自信につながっている。就学前からルールメーキング訓練を知らず知らずのうちに受けている人と、「決まりは従うもの」としか教わってこなかった人では、のちの人生に差が出てしかるべきではないかと感じる。

「信頼できる小学校」のパフォーマンス

同じシュレースヴィッヒ・ホルシュタイン州では、子育て世代の仕事と子育ての両立に貢献することを目的に、2003年から「信頼できる小学校」プログラムを開始している（小学校は6歳から4年間）。ドイツ全土で類似のプログラムが推進されているが、特に毎日の下校時刻を一定にして親の心配をなくすことや、学校の勉強の負荷が増えたとしても学ぶ楽しみが奪われないように、そして、親のキャリアを犠牲にしないように、という配慮をうたう。

勉強の中身としては、1990年代から、児童に対し挑戦を促すこと、チームワーク、「プロジェクトベース」の授業などに取り組んできた。プロジェクトベースの授業とは、通常の科目を横断して設定したテーマに基づく、学際的な要素を取り入れた授業のことだ。自然（理科）や歴史（社会）といった科目だけではなく、算数や国語（ドイツ語）のような科目の内容も含んだ授業に取り組んでいる。

取り上げるテーマは、学年に応じて用意されている。例えば3年生には「騎士」というテーマがある。騎士に関わる言葉や数値データを通して、綴り方や計算を授業に取り入れている。また、テーマ終了時に一人ひとりが発表する際には、植物に興味の強い子であれば薬草（ハーブ）の調合実験、絵や工作が好きな子であれば騎士の装束を描くなど、発表内容を他の科目に近づけてもよい。

授業は単に受けるだけではなく、児童同士の協力に委ねる手法もある。各科目のなかで、物語を書くためによい方法を調査・議論したり、文章やプレゼンテーションを共同制作したりする。完成したあとに振り返ることが重視されており、完成までの過程について話し合い、他人の意見を聞いて新しいアイディアを得ることができる。

話す技術は意識して訓練され、プレゼンテーションも重視されている。「方法トレーニング」と呼ぶ授業があり、自分の考えを他者に伝えるために、児童が自らにとって一番よい手法を見つけてほしいと考えられている。

また、カリキュラムの一部に「責任を取ること」が取り入れられている。これは、自立を訓練するための最良の手段と考えられており、例えば「仲介者」の役割について学び、紛争の解決を実践するなどの時間がある。

ドイツの小学校にも「学級会」に当たる時間がある。同州の場合、1年間の前半には、担任ではなくソーシャルワーカー（非常勤）が補佐に入る。教室の一角には「目安箱」が設置されており、子ども同士のトラブルなどがあって話しにくいときは、児童は紙に書いて意見を入れることができる。トラブル解決にあたっては、ソーシャルワーカーも担任も、大人の側からの解決案を提示しないことに努めている。

公立学校における資金集め

学校の質に対する評価の方法には、特徴がある。「学校規格（Schul-TÜV）」と呼ばれる学校の質の保証プログラムにより、独立した監査人が州内の1000以上の学校の評価を行う。教員、親、児童が、その結果について一緒に論じ合うことができるのだが、この点はドイツの他の州と比較しても踏み込んだ形で、親や児童が学校の質の担保の仕組みに関わっている。ただし、実際に監査に関わった親に聞くと、学習や成績そのものについて教員や学校に対して意見を出すというのは、なかなか骨の折れる作業で、質問をするのが精いっぱいだったらしい。それでも、親が自分の子どもの成績についてだけ聞くのではなく、学校全体について興味・関心を持つような仕組みが埋め込まれているといえる。

ドイツは州によって学校制度が異なるため、連邦内で統一的に比較可能であるように、学校間競争を促している。２００４年から、州内のすべての小学校で年に1回統一テストが実施されており、学校が学力的なパフォーマンスを把握できるようにもしている。ＯＥＣＤの実施する国別の学習到達度調査（ＰＩＳＡ）でドイツの点数が低く、国を挙げて学力強化に取り組んだためである。ただしその結果、小学校の現場においては教員の事務作業の増加という影響も出ているという。

また、個々の学校は、それぞれが注力する対象テーマや、教員による目標を明確にすることを通し、透明な学校の運営に努めている。公立学校であっても、「数学や科学教育に強い」「芸術科目に強い」などの教科における特色のほか、校舎や校庭などの整備について一定の独自性を出すことができる。

例えば同州のキール市内にあるゲーテ小学校（公立）では、校庭のリノベーションにあたり、校舎の中庭の植栽や遊具の選定に際し、児童もアイディア出しに参加した。植栽にはメンテナンスが欠かせないが、親も参加する仕組みを設計時から導入し、できあがりに対する評判もよいとのことである。

また、移動可能なピアノなど、高価な設備の更新を必要とする機会には、親の協力を得て資金調達のためのイベントを開催したり、地元企業にスポンサーになってもらったりしている。イベントの例としては、マラソン大会などがあり、児童の頑張りで計画よりも多くの資金を集められたという。

部活の代わりに、まちづくりに参加

シュレースヴィッヒ・ホルシュタイン州では、１９９６年から、16歳以上に投票権がある（ただし対象は地域レベルのことに限られる）。また、２００３年からは、子どもが自分に関係のある地域の事柄に対して積極的に関わる権利が明確にされている。公共、政治、行政といった社会環境領域で、早くから責任を持てるよう意識されている。

一方、正式な投票権とは別に、「青少年議会」という仕組みを持つ自治体もある。「青少年議会」とは、市町村の青年担当局が事務局として関わる仕組みであり、日本でいう「子ども議会」に近い。

同州南西部のイツェホー市では、20年前から青少年議会を有している。具体的な仕組みや活動事例は、図表7－4のとおりである。

青少年議会で活動する14歳、17歳、18歳の3人の学生と話をする機会を得た。ドイツの中学・高校では日本にあるような部活はないため、放課後の好きな過ごし方の一環として捉えている感覚だ。話をしたうちの1人は2期目を目指していたのだが、皆で話し合って何かを決めること自体が楽しくてたまらないとのことだった。

彼らをコーディネートするのは市の青少年局の担当者である。「ユースワーク」と呼ばれる仕事で、学校以外の場における青少年の生活を支援する業務を担っている。イツェホー市の場合にはこの道20年のベテランがついており、学生からの信頼も厚いようだった。

ドイツにおける保育所、小学校、青少年活動における取り組み例をみていくと、幼児教育の研究者、ソーシャルワーカー、ユースワーカーといった専門家などが、それぞれの現場を支援しており、さらにその背景には地元政府の決定があって人的投資がなされていることが分かる。子どもたちの自信や将来につながるような、教育へのお金のかけ方の一例といってよいだろう。

図表 7-4
イツェホー市青少年議会の取り組み

参加年齢	● 投票できるのは10〜19歳。 ● 市域内の中等教育機関で選挙を行う。
任期など	● 青少年議会の議員になると、任期は2年間。再選は可能。 ● 毎月約2回、5〜10時間を費やす。 ● 活動費は市の予算から出る。
実績	● プレイグラウンド(遊び場、公園)の設置や用地の買収・売却にあたっては、市議会が青少年議会の意見を聞く。 ● 以前は懐疑的だった市議会議員でも、青少年議会の意見を聞くことで有効性が増す点について意義を認めている。 ● 市議会と青少年議会の意見が割れた例には、既存のプレイグラウンド用地売却の可否をめぐるものがある。市議会では、当該用地周辺に住むのは高齢者が多いから売却しても不都合はない、とした。意見を求められた青少年議会では、近い将来世代交代して住民が入れ替わることを想定し、その際に改めて整備するのは困難との理由から反対。「10年、20年後に引退しているのは市議会議員で、街の中心になっているのは10代」というのが青少年議会の議論だった。結果、用地売却はなされなかった。

出所:ヒアリングに基づき筆者作成

なぜデンマークは3歳未満の教育を重視するのか

続いて、少ない人口ながら幸福度が高く、住みやすい国としても人気のある国のなかから、デンマークを取り上げたい。

デンマークは、人口578万人（2018年1月時点）と、兵庫県（552万人）と千葉県（623万人）（ともに2016年推計）の間くらいの規模の国である。出生率は2017年で1・75と、1992年以降25年間のうち、2年を除き1・7以上をキープしている。

少子化対策の文脈では、他の北欧国であるスウェーデンやフィンランドほど、日本の政府の諸資料で取り上げられることはないが、高めの出生率を保っている国の1つである。ただ、1981～87年には1・5未満の超低出生率も経験しており、底だった1983年には1・38にまで下がったこともある。[*7]

女性の仕事との両立を支援する少子化対策としては、出産費用がほとんどかからず、育児休暇もあり、3歳未満の子は原則として保育所に入れるようになっていることなどが挙げられる場合が多い。

デンマークに関する情報はともすれば北欧諸国のうちの1つとして埋もれがちだが、特徴的なのは、週に1時間以上は就学前教育または保育を受けている3歳未満の子どもの割合だ。3歳から小学校入学までの年齢ではその割合が90％を超える欧州諸国が複数あるなかで、3歳未満については、70％に達したのはデンマークのみだった。2位グループのオランダ、ノルウェー、スウェーデンなどが50％内外であるのと比べても、大きく差をつけて高かったのがデンマークだったのだ。

デンマークで3歳未満の保育サービスの利用が浸透している理由には、幼児期の教育について保育サービスが不可欠だと考えられていること、保育所だけではなく家庭保育が充実していること、そもそも「3歳児神話」が浸透していないことなどが挙げられる。ただ、親からは、幼い間はもっと子どもと過ごす時間を増やしたいなどの理由で、保育サービスがあるからといってそれに頼りすぎたくないという声もあるという。

また、高福祉・高負担の国であることから、就業者の約3分の1が行政・教育・保健部門で働いている。この点では、女性にとって働きやすい職場がそもそも多いという特徴もある。[*8]

教育面では、6歳から16歳までが基礎的な義務教育期間となっており、公立校であれば学費は無料、大学もデンマーク・北欧・EU加盟国出身者ならば無料である。私立校には補助金が拠出され、一部が学生による授業料で賄われる。

私立学校として特徴的なのが、「フォルケホイスコーレ」と呼ばれる全寮制のノンフォーマルな成人向け教育機関で、人口578万人の国に63もある。[*9] 英語では「folk high school」と表記されており、成人向けと言いつつも生徒の多くは18~24歳で、平均4カ月間学んで生活する学校だが、試験はなく、決められたカリキュラムもない。

フォルケホイスコーレに補助金を出すことについての法律もあり、その冒頭によれば、これらの学校の目的は人生や公的な社会を啓発し、民主的な教育と訓練を行うことにあるという。幅広い教養的な価値を重視し、個々の学校で選ぶ基本的な価値に基づいて運営される。[*10] 学校なのにこんなに何も決まっていなくていいのか？　という疑問が浮かぶほど、特に学ぶ科目について自由であることがフォルケホイスコーレの特徴であるようだ。

各フォルケホイスコーレによって提供されるコースが異なり、そのなかからどれを選ぶかも学生の選択になるわけだが、この背景には、義務的かつ正式な教育の外にあって、制度から独立して自由な考えを持つこと自体の価値が非常に重視されていることがある。具体的なコースや科目について、フォルケホイスコーレの運営者からどのような提案が出てくるのか、補助金を通じて支援する政府の側も「分からない」ことを前提として設計されており、だからこそ「ノンフォーマル」だといえるのだ。

なお「ノンフォーマルな成人向け教育」というコンセプトは、デンマークの近代教育の基礎を作ったとされる19世紀の教育学者、ニコライ・グルントヴィが提唱したものである。そのためもあってか、デンマークの25～64歳のうち教育を受けている人の割合はOECD諸国のなかでも上から2番目の66％で、日本の約1・5倍である。[*11] 成人になっても学び続けることの価値は、働き方改革の観点からも再評価されていることでもあり、人生100年時代となればますます重要になる。

起業家を養成する「カオスパイロット」

実は、デンマークでは起業家訓練についても充実している。特色のある学校としては、ビジネススクールの「Kaospilot（カオスパイロット）」がある。同校についてはここ数年、創造性やデザインの学びの場として日本でもかなり紹介され始めている。

同校は、現在「オルタナティブ」という政党の代表を務めるウッフェ・エルベック氏によって1991年に設立され、毎年約36名ずつが3年間かけて、デンマークの地方都市オーフスで学んでいる。設立当時、若い世代の失業率が課題となっており、これからは自ら仕事を生み出していけるリーダーが必要であるという考えから誕生した。ビジネススクールというものの普通の大学院のように学位を与える機関ではないが、卒業生が様々な起業や社会的変革を起こすような仕事で活躍していることから注目を集めている。

同校のウェブサイトによると、[*12]入学要件として重視されるのは「チャレンジを克服する意思」であり、ハードワーク、リスクを取ることとともに、最も大事なこととして「自分自身であること」が求められている。入学選考においては、文章以外の方法で興味・関心を示す作品と、書面で質問に答える個人プレゼンテーションによって70〜80人が一次選考され、3日間のワークショップを経て最終選考が行われる。デンマーク以外の国籍を有する学生も多いという。

デザイン思考をビジネスに取り入れて、より創造的な人材を育成しようという動きは、何もデンマークに限ったことではない。米国・スタンフォード大学の d.school などは非常に有名であるし、日本でも東京大学の i.school などがある。多かれ少なかれ、技術の進化や環境あるいは社会課題の多様化及び広域化、深刻化などを背景に、「今までどおりの教育のやり方ではいけない」という危機感が動機になっている。

「今までどおりの教育」というのは、大まかにいうと、事前に規定された設計図に従ってなるべく安く、大量に、正確にモノを作れる人を育てるための教育だった。あるいは、明確なマニュアルに沿って、均質的で確実なサービスを提供できる人を育てるための教育だった。だから、学生は教科書を大量に読み、記憶し、正確に情報処理してアウトプットすることが基本要件として求められた。

日本に限ったことではない。確かに最終アウトプット（試験）の形態が選択式のマークシートか論文式か、あるいは口頭弁論式かという違いがあることによって重視される能力に洋の東西の差はあったとしても、成績優秀と認められるために必要な根っこの知識の部分については似通っていた。それらが不要になったわけでは決してないものの、機械、さらにＡＩに取って代わられそうな能力であることに、容易に気付く。

それに対して「創造性」を育む教育手法が模索されてきたということである。そのなかでデンマークの学校に特筆すべき価値があるのは、その名前が「カオス」という点だ。カオスとは、直訳すると無秩序である。

無秩序のなかから何かを生み出そうという感覚を好む社会の方が、少ない人数でも面白く生きていけるのではないか？　と考え、「カオスと子どもの関係は？」とデンマーク人女性に問いかけてみた。すると、「カオスパイロットにしてもフォルケホイスコーレにしても、自分自身が自由に学びたい人が選んでいる。反対に子育てには、自分の自由な時間をあきらめてしまうようなところもあると思うけれど……。ただ、子どもを産むということは新たな生命を誕生させるということだから、ある意味では最も創造的で自由な選択でもあるわね」

という感想が返ってきた。

彼女は高校生の頃、「デンマークでは創造的なことをしないと学校でもカッコいいヤツだって思ってもらえないのよ」と、半ばこぼしながら部屋の飾り方に気を配っていた人だが、高校卒業後は、大学や新興国滞在を経て、自分はいったい何をしたいのか散々悩んだあとにウェブデザインの仕事にたどり着いた。

子育てと創造性を結びつけて考えているデンマーク人がどのくらいいるのかは分からないが、デザイン分野で世界的なブランド力のある小国の出生率が底堅く推移している背景には、人の自由さの確保や、混沌状態からの成長ということに対して、楽しみながら投資していることが分かる。

以上のとおり、「少子化する世界では、一人ひとりが力を発揮していくことが必要」という観点から、本章ではドイツの保育所、小学校、中高生の課外活動、デンマークの生涯教育、起業家育成の事例をみてきた。また、第４章では、イギリスにおける保育の質を向上させるための仕組みや、スウェーデンにおける企業と子どもの関わりについて取り上げた。

それぞれの活動で、根拠となる法律や制度は異なるものの、子どもを必要以上に〝子ども扱い〟せず、意見のある主体として接する姿勢や、一方で子どもが育つ環境の健やかさを保とうとする、大人側の工夫がみられる。

こうした事例は、日本の将来世代の育て方のヒントになるとともに、大人になっても学び続け、新しいことに挑戦し続けやすい土壌づくりという点でも、「人生１００年時代」を迎えた日本の参考になる。

少人数でも「生産性を上げる」とは、決して企業の効率的な経営の話にとどまるのではなく、一人ひとりが生かされている時間を存分に使うことだと言い換えられる。そういう見方で、少子化する世界における生き方や、国の仕組みを考えるべきである。

おわりに

少子化する世界について、全世界の21世紀中の人口推計に始まり、特に欧州の計５カ国について、各国とも晩産化に伴う少子化の進展に悩みつつも、女性や家族のあり方に向き合いながら、一方で人への投資に工夫している例をみてきた。

全世界でみると、21世紀中に最も勢いよく人口が増えるのはアジアではなく、アフリカだった。日本や東アジアの高所得国、欧州では少子化が定着することで人口減少が進むが、日本の下げ幅は欧州全体よりも大きいことが推計されている。こうしたことから、日本としては、「少子化対策をどう強化するのか」とともに「少ない人数でも豊かに生きていくための方策」を検討すべきだと考えられる。

フランスの女性が出産に関する自由を得たのは約50年前のことでしかないが、今となっては産みたい人はかなりその希望をかなえられる、女性にとって多様な選択肢のある国となった。手厚い家族手当の源流が企業による従業員への魅力アップ施策にあったことや、結婚に加えて連帯市民協約（ＰＡＣＳ）という新たな家族形態を創造したこと、不妊治療の支援や生殖補助医療に関するデータの蓄積にも熱心であることなど、国を挙げて出産や子育てへの関心が高いといってよい。

現在の子育て世代は、その親世代に比べて産み始めこそ遅いものの、子育て支援策を駆使して最終的には「子どもは２人」を達成している。今後は、女性のさらなる社会進出と、社会における格差拡大に応じた子育て支援策や晩産化対策を講じられるかどうかで、引き続き少子化対策の優等生であり続けるかどうかが決まる。

フランスの子育て支援策については日本でも相当、調査・研究がされている。今後、日本の少子化対策の観点から特に参考にすべき点としては、新たな家族の法的枠組みという選択肢を提供し、安定したカップルを増やすことにつながったＰＡＣＳの成功を挙げたい。日本でも法律婚のハードルを下げる夫婦別姓を少子化対策として位置付けられないか、という可能性を感じさせる。

また、フランスには国立人口学研究所（Ｉｎｅｄ）という専門機関があり、国際的にも著名なスター研究者を輩出しながら、広く一般に分かりやすい、人口に関する情報発信を行っている。日本でも、コーホート合計特殊出生率（世代別に、女性が一生に何人の子どもを産んだかを示す指標）のように、少子化の実態を知るために有用であるにもかかわらずあまり知られていない指標を使いこなし、社会全体で少子化に関する関心を高め、子育て世代のニーズに沿った施策展開につなげる姿勢が必要だ。

第二次世界大戦後の東西分断の歴史により少子化対策で出遅れたドイツも、女性の仕事と家庭の両立に舵を切った。移民の増加に伴う外国人の子どもの増加も目立つが、ドイツ人女性の出生率回復が継続するかどうかに注目が集まる。いまだに旧東ドイツ、旧西ドイツによって、婚外子やフルタイムで働く母親の割合など家族の姿がかなり異なるが、１９９０年の統合後生まれた世代が子育て世代の中心になる日も近い。学業やキャリア形成などで忙しい「人生のラッシュアワー」の25～45歳をドイツ人がどう乗り越えるのか、出生率のレベルや伝統的な家族の価値観が日本とも近いだけに、動向を注視しておく価値があるだろう。

ドイツでは産業政策として「インダストリー４・０（デジタル化を進め、あらゆるシステムがインターネットでつながることを通じて新たなイノベーションを創造しようという第四次産業革命)」を進めている。これと並行して、「労働4・0」という名称で、デジタル化と働き方の関係について国民的な対話を行ったのも特徴的だ。産業政策と連動させる形で、今後の仕事と家庭の両立にデジタル化がどう影響するか、テレワークなど柔軟性が高まるよい側面だけではなく、新たなストレスの原因になりうるといった負の影響も考えられている。

また、ドイツには、子どもの成長段階における「参加」をコンセプトに据えて教育の質を高めようとする例が豊富にある。保育所、小学校、青少年活動(中高生の課外活動)まで、専門家をしっかり配置して子どもにじっくり意見を出させて「できた」という達成感を味わわせている。地域によっては両親が移民で無職の家庭の子どもが多い保育所もあるが、だからこそ子どもたちが保育所で前向きな気持ちを醸成できるように、きめ細かい生活上の工夫がなされ、ドイツ語の習得とともに、今後の子どもの生活の基礎を作ろうとしている。

イギリスでは、もともと保守的な家族観があって男女の役割分担も明確な方だったが、最近では、女性の社会進出が進むことで、子育て支援策を充実させてきている。階級社会が根強く存在するイギリスにおいては、ワーキングクラスの母親ほどママ友もおらず子育て支援情報からも孤立していることなどが問題視されており、社会の階層固定化との闘いも重要な側面だ。そうした地域ごとの特徴の把握や保育所の質の評価においても、データを蓄積して評価結果を発表しているところがイギリスらしい。保育所選びにあたって格付けを参考にするのはイギリスでは当たり前のことになっている。

日本への応用としては、日本は教育における民間サービス（塾や予備校）の存在が大きいという特徴があることを前提にすれば、公教育を充実させることに加え、民間サービスに対する質の評価について議論が深まってもよいだろう。数学や理科が好きでもないのに点数はなぜかいい、というのが国際的にみた日本の15歳の現状であることも踏まえ、点数以外の学びの価値やそれに対する投資について、真剣に考えるべきである。

スウェーデンでは、戦前から、女性の仕事と子育ての両立を政策の軸としてきたという伝統がある。子どもを生み育てやすい国と感じる人が98％に上っているが、特に父親の子育て支援策とその実践について定評がある。最近では企業セクターによる、子どもの成長への配慮を進める活動が広がっている。企業セクターと子どもの接点という点も、日本にとってはほぼ手つかずの領域であり、スウェーデンから学ぶことはまだまだ多い。

デンマークでは、3歳未満児の保育サービスの利用が浸透しており、母親がどんな状況であっても一定期間は、社会全体で子育てをしようという姿勢が明確である。さらにノンフォーマルな教育を認め、大人になっても学び続ける仕組みが豊富だ。科目選びも自由な学校や、カオス（無秩序）と名付けられた起業支援の取り組みのなかに、大人自身も自由や混沌さを守りながら成長しようとする様子がうかがえた。少ない人口ながら、デザイン分野などで光り続けるデンマークの強みの源泉は、こうしたところにあると考えられる。

日本については、「少子高齢化」が政策の優先課題に据えられてはいる。しかし、なぜ少子化対策をするのかという点について、経済成長重視が強調されるがために、現在及び将来の子育て世代に響いていないのではないかという懸念がある。

女性、家族、個人、それぞれの事情に向き合った政策立案や、社会全体での人への投資の中身（質）について深く検討していかなければならない。「日本」という国の単位を維持していくならば、子どもの数が少なくなるからこそ、せっかく生まれてきた一人ひとりが、積極的に力を伸ばしていける仕組みづくりこそ肝要である。

本書を執筆するにあたり、非常に多くの人にお世話になった。フランスでは、質問に丁寧に答えてくださったＩｎｅｄほかフランス政府機関のみなさん。ドイツでは、保育所見学をアレンジしてくださった Dr. Raingard Knauer、Kinderhaus Jütlandring（ユラントリング保育所）の先生方、小学校見学をアレンジしてくださったDr.Moritz Karg、キール市内のGoethe Grundschule（ゲーテ小学校）の先生方、高校生を交えたコーヒータイムを用意してくださったイツェホー市のMr. Carsten Roeder、３名の高校生、Hannah、Niklas、Leonie。イギリスでは Dr.Martha Caddell、スウェーデンでは久山葉子さん、デンマークではMs. Sjoukje Busckに貴重な意見をもらった。日本では、友人、同僚と挙げきれない。

また、本書は、筆者のある雑誌への記事執筆がきっかけとなって日本経済新聞出版社の雨宮百子さんにお声がけいただいたところから始まった。もともとの記事も偶然の巡り合わせによるものであり、奇縁としか言いようがない。この縁を導いてくださった方々に感謝したい。原稿を形にする段階では、データ集めやグラフ作成で同僚に大変お世話になった。

最後に、筆者にとって最も貴重な情報源でもある家族に感謝する。ありがとうございました。

２０１９年４月

村上　芽

参考資料

はじめに

＊1 統計上は15～49歳が出産可能年齢だが、本書では、なかでも30代を主な子育て世代、子育て適齢期と考えて話を進める

第Ⅰ章

＊1 本節は国連「世界人口予測・２０１７年改訂版」を参照。United Nations, Department of Economic and Social Affairs, Population Division (2017). World Population Prospects: The 2017 Revision, DVD Edition. 出所：https://population.un.org/wpp/

＊2 厚生労働省　平成29年簡易生命表。出所：https://www.mhlw.go.jp/toukei/saikin/hw/life/life17/index.html

＊3 日本の総人口については２０１７年10月１日時点の人口推計。出所：http://www.stat.go.jp/data/jinsui/2017np/index.html

＊4 日本が承認している１９５カ国及び日本（２０１８年3月時点）。国連加盟国は１９３カ国。出所：https://www.mofa.go.jp/mofaj/area/world.html

＊5 ２０１６年の実績については世界銀行のデータによる

＊6 世界銀行データベースより。２０１８年10月１日最終更新分を参照。出所：https://data.worldbank.org/indicator/SP.DYN.TFRT.IN?view=chart

＊7 なお総務省の人口推計（２０１７年10月1日現在）では２０１０～15年比で96・2万人減となっている

＊8 国連「世界人口予測・２０１７年改訂版」に基づき筆者試算

＊9 国連「世界人口予測・２０１７年改訂版」

＊10 世界銀行データベースより。２０１８年10月１日最終更新分を参照。出所：https://data.worldbank.org/indicator/SP.DYN.TFRT.IN?view=chart

＊11 国連 Expert Group Meeting on Policy Responses to Low Fertility. 出所：http://www.un.org/en/development/desa/population/events/expert-group/24/index.shtml

＊12 同報告書は、民間調査機関のギャラップ社が提供する「ギャラップワールドポール（世界世論調査）」の、主観的幸福感に関するデータを用いている。主観的幸福については、国際機関ではＯＥＣＤ、国内では内閣府経済社会総合研究所なども調査研究を行っているが、ここではカバーしている国の多さから、同報告書を参照することにした。同報告書では各国のランキングを出しているが、ここでは各国の点数（得点）を用いる。２０１８年報告書に掲載されている、２０１５年から２０１７年までの3年分の平均値を用いた。出生率については世界銀行の２０１６年分の数値を用いた

＊13 厚生労働省「平成29年（２０１７）人口動態統計（確定数）の概況」。出所：https://www.mhlw.go.jp/toukei/saikin/hw/jinkou/kakutei17/index.html

＊14 国連「世界人口予測・２０１７年改訂版」

＊15 国連「世界人口予測・２０１７年改訂版」及び国立社会保障・人口問題研究所「人口統計資料集（２０１８年版）」で同じ数値が採用されている

第２章

＊１ フランス国立統計経済研究所（Ｉｎｓｅｅ）。出所：https://www.insee.fr/en/statistiques?theme=0

＊２ フランス国立人口研究所（Ｉｎｅｄ）［２０１７］“Recent Demographic Developments in France: Marked Differences between Departments”. 出所：https://www.ined.fr/fichier/rte/41/2017-4EN_Conjoncture_BretonEtAL.pdf

＊３ Ｉｎｅｄ［２０１７］

＊４ Ｉｎｓｅｅ INSEE Focus No.64, ２０１６年９月29日発表。出所：https://www.insee.fr/en/statistiques/2593184

＊５ 例えば英国インディペンデント紙、２０１７年１月18日付。出所：http://www.independent.co.uk/news/world/europe/french-birth-rate-hit-lowest-level-40-years-france-young-women-stable-situations-having-children-a7533951.html

＊６ 世界経済フォーラム［２０１７］「ジェンダー・ギャップ指数２０１７」２０１７年11月公表。出所：https://www.weforum.org/reports/the-global-gender-gap-report-2017

＊７ 世界経済フォーラム［２０１７］

＊８ ＯＥＣＤファミリーデータベース “SF2.2 Ideal and actual number of children”. 出所：http://www.oecd.org/els/family/database.htm

＊９ 藤野敦子［２０１２］「フランスの非正規雇用の実態及び就労意識」京都産業大学論集社会科学系列29、39－68

＊10 ＯＥＣＤデータ “Youth not in employment, education or training（NEET）”. 出所：https://data.oecd.org/youthinac/youth-not-in-employment-education-or-training-neet.htm

＊11 ＣＮＡＦウェブサイトより。出所：http://www.caf.fr/presse-institutionnel/qui-sommes-nous/nos-missions

＊12　大岡頼光［2017］「フランスは少子化対策の財源をどう確保したか」中京大学現代社会学部紀要　第10巻第2号123－160ページ、2017年3月など、多数の先行研究が指摘

＊13　大岡［2017］

＊14　深澤敦［2014］「フランスにおける人口問題と家族政策の歴史的展開―第一次世界大戦前を中心として―（上）」立命館産業社会論集　第50巻第3号　83－101ページ、2014年12月

＊15　日本聖書協会「旧約聖書」1955年改訳

＊16　深澤［2014］

＊17　大岡［2017］

＊18　宮本悟［2005］「フランス労働組合の社会保障運動―労働価値説の視点から―」静岡県立大学短期大学部特別研究報告書（平成17年度）

＊19　縄田康光［2009］「少子化を克服したフランス―フランスの人口動態と家族政策―」『立法と調査』2009年10月　No.297　63－85ページ

＊20　縄田［2009］

＊21　宮本［2005］

＊22　天野馨南子［2016］「フランスにおける少子化社会脱却への道程の段階的考察」『ニッセイ基礎研レポート』2016年2月8日　4ページ

＊23　フランスの所得税は「n分n乗方式」である。n分のn乗方式とは、家族単位の税制で、世帯の所得を合算して人数に応じて割り、一定額を控除して、世帯としての納税額を決める方式。家族（子ども）が多いほど税負担の軽減になるため子育て支援策にもみえるが、高所得専業主婦世帯の利益になるといった性格もある

＊24　Ined［2017］

＊25 独立行政法人労働政策研究・研修機構［２０１８ａ］「諸外国における育児休業制度等、仕事と育児の両立支援にかかる諸政策―スウェーデン、フランス、ドイツ、イギリス、アメリカ、韓国―」資料シリーズ№１９７ ２０１８年３月

＊26 厚生労働省［２０１８］「２０１７年海外情勢報告」フランス労働政策。１２３ページ

＊27 独立行政法人労働政策研究・研修機構［２０１８ａ］

＊28 独立行政法人労働政策研究・研修機構［２０１８ｂ］「データブック国際労働比較２０１８」

＊29 独立行政法人労働政策研究・研修機構［２０１８ａ］

＊30 ＮＨＫ生活情報ブログ２０１２年７月４日付。出所：https://www.nhk.or.jp/seikatsu-blog/400/125022.html

＊31 生物医学庁ウェブサイトを参照して要約した。２０１８年９月閲覧後、同サイトは変更されている。出所：https://www.agence-biomedecine.fr/?lang=fr

＊32 内閣府［２００７］「少子化社会対策に関する国際連携推進事業報告書」パネルディスカッション１「これからの『子育て支援策』はどうあるべきか」

＊33 Ｉｎｅｄ ウェブサイトを参照して要約した

＊34 在フランス日本国大使館。出所：https://www.fr.emb-japan.go.jp/itpr_ja/pacs.html

＊35 ＰＡＣＳの定義についてはＩｎｓｅｅ ウェブサイトを参照。出所：https://www.insee.fr/en/metadonnees/definition/c1281

＊36 Ｉｎｓｅｅ［２０１８］"Demography- Number of Civil Solidarity Pacts (PACS) - Metropolitan France". 出所：https://www.insee.fr/en/statistiques/serie/001686966

＊37 Ｉｎｅｄ ウェブサイト "Births outside marriage". 出所：https://www.ined.fr/en/everything_about_population/data/france/births-fertility/birth-outside-marriage/

＊38 Ined［２０１８］"Population & Societies," Number 553, ２０１８年3月

＊39 コーホート（cohort）とは、人口の文脈では、同年に生まれた集団、つまり世代のことを指す。一般には共通の要素があって観察対象となる集団のことをいい、語源は古代ローマ時代の歩兵隊であるという。カタカナではコホートと書くときもある

＊40 国連人口基金とロンドン大学衛生熱帯医学大学院、及び厚生労働省のウェブサイトを参照した。出所：http://papp.iussp.org/sessions/papp101_s04/PAPP101_s04_080_140.html、https://www.mhlw.go.jp/toukei/saikin/hw/jinkou/geppo/nengai04/sankou1.html

＊41 Ined［２０１８］

＊42 ユニセフ・イノチェンティ研究所［２０１７］「レポートカード14 未来を築く：先進国の子どもたちと持続可能な開発目標（ＳＤＧｓ）」

＊43 内閣府子ども・子育て本部［２０１６］「平成27年度少子化社会に関する国際意識調査報告書」

第3章

＊1 ドイツ連邦統計局。出所：https://www.destatis.de/EN/FactsFigures/SocietyState/Population/Population.html

＊2 ドイツ連邦統計局 ２０１８年3月28日発表資料。出所：https://www.destatis.de/EN/PressServices/Press/pr/2018/03/PE18_115_122.html

＊3 原俊彦［２００８］「ドイツの少子化と家族政策の転換」『人口学研究』第42号、２００８年5月、41－54ページ

＊4 魚住明代［２００７］「ドイツの新しい家族政策」『海外社会保障研究』Autumn 2007 No.160

＊5 独立行政法人労働政策研究・研修機構［２０１８ａ］

＊6 ドイツ連邦統計局 ２０１６年12月19日発表資料。出所：https://www.destatis.de/DE/PresseService/Presse/

Pressemitteilungen/2016/12/PD16_461_126.html

＊7　フランス、ノルウェー、アイスランドについてはＯＥＣＤファミリーデータベース"SF2.4 Share of births outside of marriage". 出所：http://www.oecd.org/els/family/database.htm

＊8　ドイツ連邦統計局。出所：https://www.destatis.de/EN/FactsFigures/SocietyState/Population/Births/Births.html

＊9　M. L. Tanturri, M. Mills, A. Rotkirch, T. Sobotka, J. Takacs, A. Miettinen, C. Faludi, V. Kantsa, D. Nasiri [2015] "State-of-the-art report Childlessness in Europe," Families And Societies Working Paper Series

＊10　ただし、調査研究によっては、20代の男性の26・３％、女性の14・６％が将来子どもを持ちたくないと回答している（２００３年）というものや、平均希望子ども数が２・０を下回っているとするものもあることに留意しておくべきだ

＊11　本書執筆中の２０１８年12月、与党党首を辞任した

＊12　独立行政法人労働政策研究・研修機構［２０１８ａ］

＊13　内閣府［２０１８］「男女共同参画白書　平成30年版」Ｉ－２－13図

＊14　World Values Survey. 2010-2014 の結果をユニセフ・イノチェンティ研究所が公表

第４章

＊1　イギリスの統計資料では、イギリス全体のデータと、イングランド、ウェールズ、スコットランド、北アイルランドが別になっているデータがある。出生率関連データや乳幼児・子ども期の政策については「イングランド及びウェールズ」が1単位となっていることと、同２国で全体の90％近い人口をカバーしていることから、本書ではイギリスを主に「イングランド及びウェールズ」として扱う

＊2 イギリス国家統計局。出所：https://www.ons.gov.uk/peoplepopulationandcommunity/populationandmigration/populationestimates/bulletins/annualmidyearpopulationestimates/mid2017/previous/v1

＊3 イギリス国家統計局 "Cumulative fertility: Average number of live-born children, age and year of birth of woman, 1920-2001". 出所：https://www.ons.gov.uk/peoplepopulationandcommunity/birthsdeathsandmarriages/livebirths

＊4 イギリス国家統計局 "Statistical bulletin Births in England and Wales: 2017," ２０１８年7月18日

＊5 人口動態調査・人口動態統計保管統計表（２０１６年）より筆者計算

＊6 社会移動性委員会［２０１７］"State of the Nation 2017". 出所：https://assets.publishing.service.gov.uk/government/uploads/system/uploads/attachment_data/file/662744/State_of_the_Nation_2017_-_Social_Mobility_in_Great_Britain.pdf

＊7 イギリス政府発表資料 ２０１６年3月４日付。出所：https://www.gov.uk/government/news/parents-in-the-dark-about-governments-flagship-childcare-policy

＊8 Ｏｆｓｔｅｄ［２０１８］"Annual Report 2017-18". 出所：https://assets.publishing.service.gov.uk/government/uploads/system/uploads/attachment_data/file/761606/29523_Ofsted_Annual_Report_2017-18_041218.pdf

＊9 スウェーデン統計局。出所：https://www.scb.se/en/finding-statistics/statistics-by-subject-area/population/population-composition/population-statistics/

＊10 内閣府子ども・子育て本部［２０１６］

＊11 独立行政法人労働政策研究・研修機構［２０１８ａ］

＊12 藤田奈々子［２０１６］「戦間期スウェーデンにおける人口減少の危機とミュルダール」。出所：http://www.paoj.org/taikai/taikai2016/abstract/1208.pdf

＊13　独立行政法人労働政策研究・研修機構［２０１８ａ］

＊14　在日本スウェーデン大使館「巡回写真展　スウェーデンのパパたち」解説より。出所：https://www.swedenabroad.se/ja/embassies/japan-tokyo/current/Swedishdads/

＊15　デューディリジェンスとは、何らかの業務上の意思決定にあたって実施する相当な注意、関連する情報の精査のことを指す。特に資産の査定時に用いられる

＊16　世界子どもフォーラム "Global Child Forum Pledge for Children's Rights and Business". 出所：https://www.globalchildforum.org/pledge-childrens-rights-business/

第５章

＊1　世界銀行推計値（２０１７年分）。出所：https://data.worldbank.org/indicator/SL.IND.EMPL.FE.ZS?contextual=female-employment-by-sector&view=chart

＊2　ピュー・リサーチ・センター［２０１７］に基づき筆者仮訳 "The Changing Global Religious Landscape"

＊3　なお宗派や考え方によって細かく条件もあるので、断定的には書きにくい。また、特にイスラム教が多産奨励だと決めつけない方がよい

＊4　内閣府［２００５］「少子化と男女共同参画に関する専門調査会」本文「1．女性の労働力率と合計特殊出生率」図表１－２－２。出所：http://www.gender.go.jp/kaigi/senmon/syosika/houkoku/pdf/honbun1.pdf

＊5　Tanturri et al.［２０１５］に詳しく紹介されている

＊6　公益社団法人日本産科婦人科学会［２０１８］「ＨＵＭＡＮ＋　女と男のディクショナリー」88ページ。出所：http://www.jsog.or.jp/public/human_plus_dictionary/book_vol2.pdf

＊7　国立社会保障・人口問題研究所［２０１８］「人口統計資料集（２０１８年版）」表４－17：ＵＮＥＣＥ加盟国に

おける母の第1子平均出生年齢

＊8 OECD［2016］"Is the gender gap in higher education widening?"

＊9 世界経済フォーラム［2017］

＊10 欧州委員会［2013］"Women active in the ICT sector". 出所：https://publications.europa.eu/en/publication-detail/-/publication/bfa34291-3dd5-4e2a-a977-0b659f593a4d/language-en/format-PDF

＊11 ILO駐日事務所「ディーセント・ワーク」。出所：https://www.ilo.org/tokyo/about-ilo/decent-work/lang-ja/index.htm

＊12 UNICEF［2017］

第6章

＊1 エマニュエル・トッド［2016］訳者（堀茂樹）『問題は英国ではない、EUなのだ―21世紀の新・国家論』116ページ 文春新書

＊2 厚生労働省［2018］「人口動態調査」（2018年7月11日発表）

＊3 日本経済新聞夕刊3面。2018年10月24日付

＊4 政府広報オンライン「ニッポン一億総活躍プランについて」。出所：https://www.gov-online.go.jp/tokusyu/ichiokusoukatsuyaku/plan/ 2019年3月閲覧

＊5 SDSN及びベルテルスマン財団［2018］"2018 SDG Index and Dashboards report". 出所：http://www.sdgindex.org/reports/2018/

＊6 ドイツ連邦統計局「Population- Births」のページ右側。出所：https://www.destatis.de/EN/FactsFigures/SocietyState/Population/Births/Births.html

＊7　厚生労働省「合計特殊出生率について」。出所：https://www.mhlw.go.jp/toukei/saikin/hw/jinkou/geppo/nengai11/sankou01.html

＊8　国立社会保障・人口問題研究所［２０１７］「第15回出生動向基本調査（独身者調査ならびに夫婦調査）報告書」

＊9　経済力や健康上に特に課題がないのに子どもを持とうとしないケースだが、この場合に限っては、割り切って子どもを持たないことのデメリットを伝えてもよいだろう。女性であれば、乳がんや子宮関連の疾患は、妊娠しないことと深く関係しているという

＊10　K. Zeman, E. Beaujouan, Z. Brzozowska, T. Sobotka［2017］"Cohort Fertility Decline in Low Fertility Countries: Decomposition using Parity Progression Ratios," Vienna Institute of Demography

＊11　ピュー・リサーチ・センター［２０１９］"Defining generations: Where Millennials end and Generation Z begins" に基づき筆者仮訳　出所：http://www.pewresearch.org/fact-tank/2019/01/17/where-millennials-end-and-generation-z-begins/

＊12　ピュー・リサーチ・センターのほか、監査法人のデロイト トーマツ グループが全世界を対象に行っている「デロイト ミレニアル年次調査」や、広告・人材・旅行などの様々な消費関連調査が行われている

＊13　例えばTy Tashiro［2015］"The Science of Happily Ever After"など

＊14　内閣府子ども・子育て本部［２０１６］

＊15　国立社会保障・人口問題研究所［２０１７］

＊16　国立社会保障・人口問題研究所［２０１７］

第7章

＊1　公益財団法人日本生産性本部［２０１８］「労働生産性の国際比較２０１８」。出所：https://www.jpc-net.jp/intl_comparison/intl_comparison_2018.pdf

＊2 総務省統計局「平成29年労働力調査年報」Ⅰ－Ｂ－第9表 月末1週間の就業時間平均より算出

＊3 公益財団法人一ツ橋文芸教育振興会、財団法人日本青少年研究所［2009］「中学生・高校生の生活と意識」アメリカ、中国、韓国と比較した調査

＊4 国立教育政策研究所［2013］「OECD生徒の学習到達度調査（2012）」。出所：http://www.nier.go.jp/kokusai/pisa/index.html

＊5 児童の権利委員会［2010］「条約第44条に基づき締約国から提出された報告の審査 総括所見：日本 2010年6月20日」仮訳が外務省ウェブサイトにある。出所：https://www.mofa.go.jp/mofaj/gaiko/jido/pdfs/1006_kj03_kenkai.pdf

＊6 外務省［2017］「児童の権利に関する条約 第4・5回日本政府報告（日本語仮訳）」。出所：https://www.mofa.go.jp/mofaj/files/000272180.pdf なお、同委員会は「国連子どもの権利委員会」とも呼ばれる

＊7 デンマーク統計局。出所：https://www.dst.dk/en/Statistik/emner/befolkning-og-valg/foedsler/fertilitet

＊8 独立行政法人労働政策研究・研修機構［2016］資料シリーズNo.176。出所：https://www.jil.go.jp/institute/siryo/2016/documents/0176_02.pdf

＊9 デンマークフォルケホイスコーレ協会。出所：https://www.danishfolkhighschools.com/folkhighschools/

＊10 デンマークフォルケホイスコーレ協会。出所：https://www.danishfolkhighschools.com/media/14089/the_act_on_folk_high_schools.pdf

＊11 OECD iLibrary. "Education at glance. Adult education and learning". 出所：https://www.oecd-ilibrary.org/education/data/education-at-a-glance/adult-education-and-learning_7f35aac5-en

＊12 カオスパイロット ウェブサイトを参照して要約した。出所：https://www.kaospilot.dk/

村上 芽　むらかみ・めぐむ

京都大学法学部卒業後、日本興業銀行（現・みずほ銀行）を経て2003年より株式会社日本総合研究所。現在、創発戦略センターシニアマネジャー。専門分野は気候変動と金融、SDGs、子どもの参加論。共著に『ビジネスパーソンのためのSDGsの教科書』『投資家と企業のためのESG読本』（ともに日経BP社）、『進化する金融機関の環境リスク戦略』（金融財政事情研究会）、『地球温暖化で伸びるビジネス』（東洋経済新報社）などがある。

日経プレミアシリーズ｜401

少子化する世界

二〇一九年四月八日　一刷

著者　村上 芽

発行者　金子 豊

発行所　日本経済新聞出版社
https://www.nikkeibook.com/
東京都千代田区大手町一―三―七　〒一〇〇―八〇六六
電話（〇三）三二七〇―〇二五一（代）

装幀　ベターデイズ

組版　マーリンクレイン

印刷・製本　凸版印刷株式会社

ISBN 978-4-532-26401-7　Printed in Japan